「色情就是不行！」

這種想法真的不行

「猥褻」為什麼違法？從階級規範到帝國主義的擴張，權力如何以道德之名管制色情

白田秀彰（Hideaki Shirata）——著
林琪禎——譯

目錄

序言

為什麼「色情」是不對的？

「我認為色情是不對的！」

我想大多數人聽到別人這麼說時，都會表示認同吧。對於色情的事物，人們不單是從倫理、道德上禁止，若是超過一定限度，更會成為犯罪。因此我們可以認為，在政府的眼中，「色情」同樣不被樂見。

不過仔細一想，這還真是一件奇怪的事情。我們是生物，如果不進行生殖行為，就無法產下後代。我的祖父母、父母親，也正是做了這些「色色的事情」，才有了現在的我。也就是說，人類——不，所有生物都不斷透過這種「色情」的行為，才得以在這世上維持並發展至今。因此，「色情」指的即是生殖活動以及與生殖活動有關的行為，又或是形容、表達了生殖活動的概念；換句話說，色情，又或者是與其相關的內容是「極為普遍，且幾乎人人都會親身體驗」的事。

那麼，人們為什麼「不樂見」它呢？禁止人們在大庭廣眾有色情行為，甚至，對於牽涉到「色情表現[1]」的內容制定法律、進行限制的理由究竟是什麼？

與「色情」一樣，近年來表述「暴力」的內容也逐漸成為受批評的對象。當然，因為過於殘忍，暴力的內容會遭受限制也是情有可原。然而事實上，對暴力的表述並未受法律禁止，反而還被視為憲法所保障「言論自由」的一部分而受到保護。不僅如此，儘管在我們的生活周遭以及各個年齡層，都充斥著諸如只因生來外貌醜陋，就要被一群自稱正義夥伴欺負、遭到殺害的怪人故事；又或者是某人因為某種原因去殺人、將殺人作為娛樂的故事。面對這樣的現象，我卻很少看過有人去批判這樣的內容很不道德。論其原因，就在於人們可以判斷「真正的暴力」與「與暴力有關的表述」有所不同。那麼，這點套用在「色情表現」時，理應也該如此。

在此就假設我們因為受這些色情表現內容的影響，而做出了模仿劇情的行為後（雖然實際上不可能發生），會產生什麼樣的後果：做了「色情」的事，可能會產生新生命；但虐待他人、殺害他人，則將奪走他人的性命。要說哪一個比較

「不被樂見」，我無庸置疑地認為，答案是暴力。那麼，人們對有關「暴力」的內容相當寬容，面對「色情」時，卻拿出法律來遏止的理由到底是什麼？這讓我不禁感覺到，人們看待「色情」時，似乎本身就默默地帶有「無條件視其為惡，毋須多問原因」的立場。

「色情是不對的」——這種想法深深烙印在我們內心深處，它根深蒂固的程度，已到了幾乎沒有任何討論餘地的程度。因此，當我們意圖「取締色情」時，很容易就會獲得贊同，這點對憲法保障的「言論自由」來說有多重要，其實超乎我們想像。今日，我們的社會採用民主主義，而民主主義的基礎則保障了我們的言論自由，接著，在表現自由、言論自由的發展過程中，政府逐漸失去對所有表

1 編注：此處「表現」意指法律上人民透過言論、講學、著作、出版、集會、遊行、舉行信仰儀式、請願、行使參政權等方式來表達意見、觀念、情緒、事實等資訊之總稱。日本憲法第二十一條保障人民集會、結社、言論、出版及其他一切表現自由。在中華民國憲法中，表現自由（廣義的言論自由）是人民不僅有表述的權利，也包括收受訊息之權利、學術自由、知的權利、接近使用媒體之權利等一切有關資訊傳播之權利。本書中「色情表現」、「性表現」以及「性相關表現」皆取此意。

述行為的干涉權力。不過因為刑法中有相關規範，因此當有人說要「取締色情」時，就會營造出「不得不取締」的氣氛。在這樣的風氣下，其他人就也很難說出「色情也沒什麼不好啊！」之類的話。更甚者，如果這時又有人表示「我們必須要防止天真無邪的青少年接觸色情，讓他們健康成長」時，就沒有任何人能反駁了。就這樣，「以讓青少年健康成長為目的的性表現規範」，就成為表現規範的最後一點——而且也是無可撼動的一點——被歸類在「言論自由」之外。

在這樣的過程中，我花了約十年的時間，來探究以下疑問。為什麼人們心中會產生「『色情』是不對的」的觀念？為什麼「色情」幾乎是無條件被禁止的對象？以及，為什麼人們認為應該禁止青少年接觸「色情」？不過，因為這些問題同時牽涉到歷史、文化、宗教、制度、法律等多種要素，因此，即使過了十年，我還是無法歸納、描繪出整體關係的全貌。不過，至少我在自己的專業領域「英美法系（Anglo-American law）」，也就是色情在英國、美國的發展這個部分，找到了一定程度的答案。於是，為了解答前述問題，並且理出一個階段性的結論，我才決定寫下本書。

因此，這本書的目的，就在於回答以下問題：

- 暫且不論對性的表述，為什麼「性」本身就是限制的對象？
- 為什麼人們認為對性的表述該受限制？
- 對性的表述被法制化的來龍去脈是什麼？
- 為什麼認為青少年特別不應接觸性？

接著，這本書也將照以下要點書寫：

- 整理、充分理解猥褻、色情等，我們不甚清楚的觀念。
- 說明性與婚姻在古今歷史、社會的地位推展。
- 說明英國與美國性規範及「性表現規範」的發展過程。

筆者雖然也收集了日本的資料，並寫成部分內容，但還未整理到能夠呈現在各位讀者面前的程度。因此，本書對於性規範在日本的發展，可能仍只能作概略說明而已。不過，我們日本人在明治時代（一八六八年—一九一二年）以後的歷史洪流中逐漸形成的性規範，在在受到了本書中提及的西方社會性規範的強烈影響，因此在我們思考當今社會對於性規範的樣態時，本書的內容或許能成為不可或缺的基礎知識。

第一章

基礎篇——究竟何謂「猥褻」？

一、探討性規範相關詞彙
——這些詞彙到底是什麼意思？

在我們開始探討性規範之前，應先釐清相關用語本身的來源以及概念。

日文中「猥褻」一詞原先與「色情」無關

「猥褻」是個很常見的詞彙，人們普遍認為這是指極為「（性方面的）淫穢」的意思。不過，「猥褻」原本的詞義卻未必全然是這樣。具體來說，這個詞的意思主要可以從三個層面進行探討，也就是：(a)原本的意思、(b)一般字典上的解釋，以及(c)刑法學上的定義。此處先來看我們比較熟悉的一般定義。

在《廣辭苑》中「猥褻」的解釋是：「男女在性方面，進行有悖於健全社會風氣的行為。或是在性方面的下流、淫穢。」而這也是我們對於「猥褻」的一般認知。接下來再來看看猥褻二字本來的意思。「猥」在日文中，表示雜亂或不修邊幅的樣態。在民俗學或人類學中，「褻」指的是日常生活；其相反詞為「晴」，表示宮廟祭祀等「非日常」的節日或祭典。因此，「猥褻」的意思應該是「庶民在日常生活中不修邊幅的邋遢模樣」。這裡的「不修邊幅」可能也包含了性，但從此字源來看，該詞的意思最初並非完全集中在與性有關的事物上。

最後是刑法學上的意義。在刑法學中，「猥褻」的定義是「刺激、煽動他人性欲，有害於一般人在性方面的正常羞恥心，且違反善良的性道德觀念者。」

比較上述三種定義，應該多少就能察覺三者之間的差異。「猥褻」原本的意義，其實是「不修邊幅」。不過，現在廣泛的認知多將它看作「下流、淫穢」之意，已往性的方面傾斜。至於在刑法學上，「猥褻」則已完全被定義成「性方面的露骨且違反社會道德的嚴重行為」。

再更仔細整理刑法學如何說明「猥褻」的話，便可以歸納出「刺激他人性

「猥褻」的三種意涵

(a)原本的意涵	庶民在日常生活中不修邊幅的邋遢模樣
(b)字典的意涵	性方面的下流或淫穢
(c)刑法學的意涵	不符合法律保障「表現自由（Freedom of expression）」之條件的性相關表現（expression）

欲以製造興奮」、「在性方面讓一般人感到羞恥或不愉快」、「有悖於社會對性事的認知、想法，或是背離其道的行為」等三方面的嚴謹定義。

這裡需要注意的是，只要沒有明確滿足上述三個定義，那就不構成刑法上的「猥褻」；只要未符合刑法對「猥褻」的定義，就不能對相關行為進行處罰。相反地，若是做出符合「猥褻」定義的行為，就不再受憲法對人民的「言論自由」保障。也就是說，進行處罰與否，決定的基準都在該行為是否符合刑法對「猥褻」的定義。

我們常常對於未必真正符合刑法上定義為「猥褻」的性表現，發出「噁！真猥褻！」的驚呼。或者反過來提出質疑，認為「僅是這種程度的猥褻內容，卻遭到逮捕，會不會太過火了？」但無論如何，若該內容已構成刑法學上的「猥褻」，那就達到必須受法律處置的標準了。

因此，我們並不會說關於裸體或者性行為的內容是「猥褻」的。這頂多只是與性有關的內容，更直白的說法就是「性表現」。至於僅止於暗示，連性表現都稱不上的，我們便稱之為「性相關表現」。換句話說，屬於「性表現」但並不構成「猥褻」的情況，其實十分普遍。

接著，我們再進一步從法律面來思考「猥褻」的意義。由於現代日本的法律受到歐洲諸國的強烈影響，因此若要探討法律用語，就必須進一步探討該用語在歐洲的意義。「猥褻」的英語是obscenity，雖然這個字在歐洲的意思隨著國家不同而有所差異，但大多仍集中在違法的性表現或行為上。

Obscenity源自拉丁語的obscenum（凶兆／不乾淨），其具體意義是「沒人關注到的潮溼陰暗處或其樣貌」，亦即「不乾淨」。在這層面上，它與日語中「猥褻」的原意：「庶民在日常生活中不修邊幅的邋遢模樣」有點類似。當然，這樣的「不潔」自然是受到排斥的，因此英語中，obscenity這個字就有了「令人厭惡或使人感到不快」的意思。換句話說，它和日語的「猥褻」一樣，一開始的語意幾乎與性規範沒什麼關聯。

不過，它也與日文中的「猥褻」一詞相同，隨著時代流轉，開始含有「排泄物、性器」等意涵。這種語言的變化，可以認為是人們將「排泄物、性器」等難以說出口的詞彙，在委婉地改以「穢物」、「那個地方」代稱之下，暗示詞彙逐漸取代了主流詞彙的其中一個例子。

除此之外，在接受基督教以前的古羅馬文化中，也不存在將性視為邪惡的觀念。舉例來說，他們視男性的生殖器為生命的象徵，除了會配戴模仿生殖器外型的小型護身符，還有類似日本的「地藏王」概念，四處都擺有男性生殖器外型的雕像供人祭拜。這現象不僅限於古羅馬，而是在世界各處都能看到的素樸信仰型態。同樣地，日本的街道、村莊也有拜男性生殖器為守護神的雕像；有些生意人為保佑生意順利，也會配戴男性生殖器外型的護身符。此外，由於古羅馬的人們並不視性為壞事，因此人們也會稀鬆平常地將描繪性行為的繪畫與雕刻擺在室內裝飾。

在擁有這種背景文化的社會裡，人們並不把性看作是「猥褻」，或是「該厭惡、感到不快的對象」。只有當「性」遇到某個把性視為「該厭惡、感到不快的對象」的特定文化觀時，才可能讓性的表述與猥褻扯上關係。也就是說，要讓對性行為的表述與猥褻畫上等號，前提就是要先存在一個對性感到嫌惡的文化觀。

在英美法的領域中，人們長久以來習慣以「厭惡、感到不快的對象」來（優雅地）稱呼「性表現」，當這種習慣也在法庭場合中反覆出現，時間一久，obscenity，obscenity在法律用語中的詞義便漸漸定型。在這種背景的影響下，一提到obscenity，人們也就認為它幾乎等同於日本法律學中所說的「猥褻」，於是字典也才跟著如此翻譯。

從歷史角度看「性表現作品（Pornography）」一詞

比obscenity還要更直接表示「性表現」的，還有一個字：「pornography」。日文中，人們通常以「ポルノ（porno）」省略稱之，這個字打從一開始就與性有明確的關聯。「porno-」在拉丁文中是指「娼妓」；而「-graphy」則源自「記述、表述」一詞。組合起來，便成了「與娼妓有關的記述」，表示這個詞從一開始就很明確地在指「性方面的表述」。

「猥褻」與「色情作品」的關係

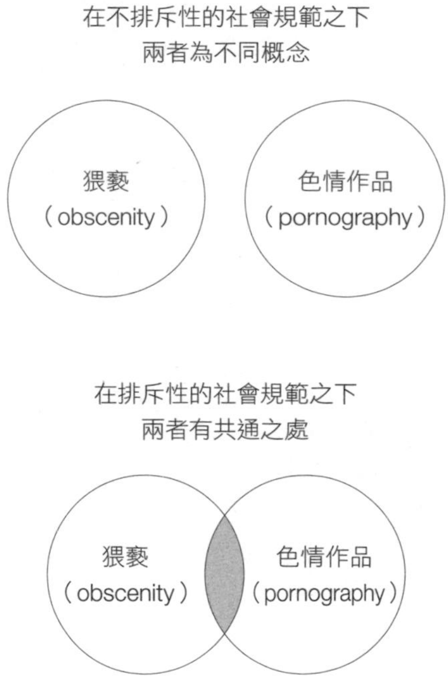

因此，就原先的詞意來看，可知obscenity與pornography並沒有直接關係。不過就如先前提到的，在文化面上將pornography的某部分視為「厭惡、感到不快的對象」的社會裡，pornography與obscenity就有著共同點。再者，法律用語中的obscenity，其定義為「符合硬調色情（Hardcore pornography）的、關於露骨性行為的內容」；而這個定義，僅占了pornography整體意思——可能會造成不快的性表現——中的一小部分。代表這樣的定義，其實是一種更加狹義的概念。

這邊比較麻煩的地方，在於「娼妓」一詞所指對象產生的變遷。在缺乏基督教式貞節觀念的時代，即使女性與複數男性發生關係，人們也不會認為那是什麼太大的問題，更別說是平民階層了。在這階段，「娼妓」一詞，一般是用來稱呼從事性行業的女性（有時也用於男性）。不過，「娼妓」一詞的使用範圍，以及怎樣的人該被視為「娼妓」，則會隨著時代或是社會變遷而有複雜的變化。以下本書將列舉一些相當特殊的例子，來與各位讀者一同具體觀察這個詞的變化。

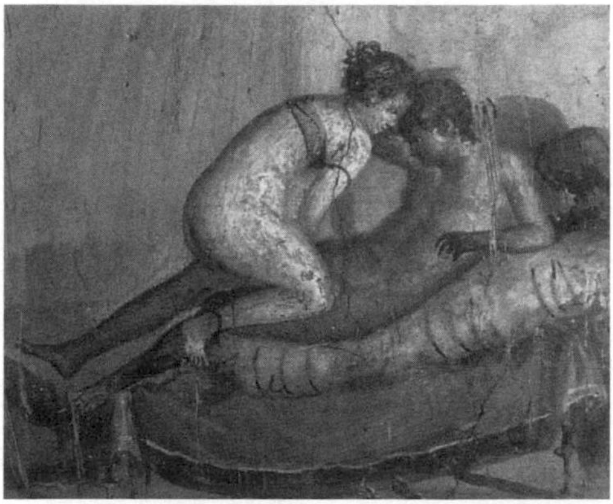

龐貝古城妓院的淫壁畫。

就以基督教普及前相當具有代表性的古羅馬社會來說吧。古羅馬社會透過制度來嚴格取締人們在大庭廣眾下與異性的接觸，若一位有身分地位的女性，不攜帶隨從就獨自在街上等公開場合與異性見面、接觸、牽手或是接吻，她就會被人們當作「娼妓」看待。然而在私底下，通姦行為卻是隨處可見，且人們不以為意。就以我們當今的價值觀來看，這無非是一種表裡不一的雙重標準。不過，將性作為工作內容的職業娼妓，卻反倒不會受到冷眼，而且還會被認為是社會的必要存在。舉例來說，羅馬共和國晚期的羅馬政治家西塞羅就曾說過：「不論是為了健康，還是為了保護自由的女人與兒童的安穩生活，娼妓都是必要的存在。在羅馬，娼妓與其他地區一樣，都為民眾的健康做出了貢獻。[1]」

不過，到了基督教的貞節觀念相當普遍且深植人心的時代後，不管是私底下還是檯面上，只要女性在結婚前與男性有過性關係，或是在結婚後與丈夫之外的人發生性關係，就會被稱作「娼妓」。以更極端的狀況來說，有時即使雙方沒有性關係，但只要產生戀愛感情，也會被當成「娼妓」看待。

透過這些例子，或許可以了解到，當我們讀到歷史文獻中的「娼妓」二字時，其意涵與現代人對娼妓的印象可能有所落差。不過，即便是在基督教貞節觀念相當普遍的時代，會意識到這些規範的，基本上也僅止於有教養的中上階級；平民們所遵從的，仍是一種更為寬鬆的性規範；這種規範更忠於生物渴望性愛的模式，但同時也是中上階級眼中所謂的淫穢。

此處我們先稍微談談後續篇章的內容。到了現代，批判身分制度的想法與平等主義崛起後，中上階級的人們開始想把自己的規範套用到平民身上，而期望提升自身社會地位的下層階級，也逐漸接受了這樣的想法。於是，原先不受中、上階級的男女交際規範所束縛、自由的下層階級女性，就普遍有被稱為「娼婦」的可能了。直到十九世紀為止，觀乎英國各大都市的狀況，以及從當時中上階級非常嚴格的倫理規範來看，下層平民之所以會被如此稱呼，理應有它存在的理由。

此時，obscenity與pornography兩個語彙便有了結合的契機。對於基督教式的價值規範普遍被人們接受，且中上階級與下層階級的性規範又互相衝突（乃至互相順應）的現代社會文化價值來說，下層民眾的生活狀況無非正是「邋遢（obscene）」的體現。即是說，在用以記述邋遢的群眾在這種性規範下的性生活時，obscenity與pornography的字義便產生了關聯。

1 參考《古羅馬人的愛與性》（*Amore e sesso nell'antica Roma*，日譯古代ローマ人の愛と性—官能の帝都を生きる民衆たち），Alberto Angela，關口英子、佐瀨奈緒美翻譯，河出書房新社，二〇一四年，三一四頁。

「下流表現」並無明確的定義

接著再來介紹「indecent」一詞。「indecent」是「decent（上流的、高雅的）」的反義詞，意為「不得體的、下流的」。雖然字典也將其翻作「猥褻的、淫蕩的」，但就如同先前所述，法律用語中的「猥褻」具有極為嚴謹的條件，因此如此翻譯indecent，其實並不恰當。故本書在處理indecent時，使用的會是法律用語中普遍出現的「下流」一譯。

日本刑法學上的「下流表現」，是指屬於性表現與性關聯表現，但還未達刑法學所定義的「猥褻」標準，且受憲法保障，被視為一般言論自由的一部分。再重申一次，雖然「猥褻」的表述不包括在言論自由的範圍中，也同時是刑事法的裁罰對象，不過「下流表現」，卻是在言論自由的範疇之內。因此若接觸到這類內容的人已經成年，那就不成問題。不過，為避免讓未成年人或抗拒該類表現的人接觸到這種內容，政府仍可施加一定程度的限制。

由於日本在法律上並沒有這種「下流表現」的範疇，因此除了「猥褻」的範疇設定得比美國更為廣泛外，也因為沒有法源依據來遏止猥褻範疇以外的內容，所以造成了性表現以及與性有關的表現隨處可見。為了處理這種事態，日本選擇的不是制定法律，而是由各都道府縣來制定各自的《防止擾民條例》（迷惑防止條例）與《健康養成青少年條例》（青少年健全育成條例）。於是，即使不屬於猥褻範疇，以及一般（以執政者角度來說）不被樂見的內容，就從一般市

在刑法學中「猥褻」與「下流」的關係

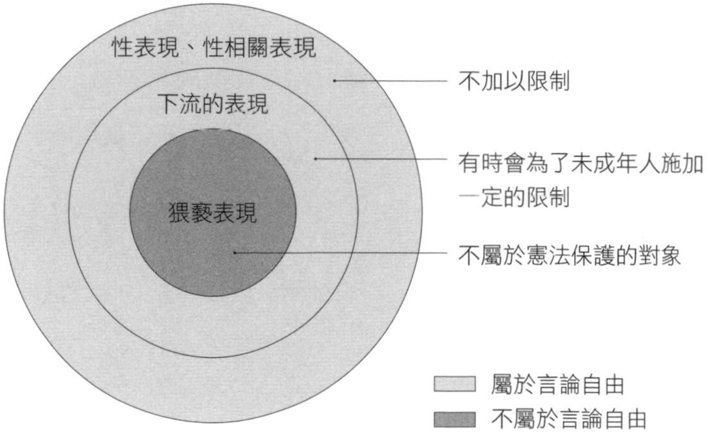

民的日常空間裡消失了。

誠如先前所述，「下流」最初是「上流」的反義詞。那麼，「上流（decent）是什麼？」就又是另一個問題了。因為「下流」的概念，無法在沒有「上流」的概念下存在；而「上流」這一概念，也與其他擁有普遍、固定內容的概念不同，是極為依附文化的概念。理所當然地，這個理論也能應用在其反義詞「下流」上。因此，不惜凌駕言論表達自由，也要訂定《防止擾民條例》、《健康養成青少年條例》等限制的法規，本身就欠缺合理的具體立場。針對這個部分，本書在後續會再詳細說明。

「性即神聖」的說法

在日本，性，除了被人們認為是「猥褻的、骯髒的」之外，也常常被主張是「神聖的」。在這種情形下，先不論「性（聖）[2]」的評價是善是惡，至少人們都認為它是「特別的」，也就是脫離日常生活常態的存在，這點應無庸置疑。不過，性與聖的結合其實是民間流傳的說法，在最原始的意思中，這兩者毫無關聯。

對於這些字詞的關係，小谷野敦在《日本賣春史》[3]中曾詳細談及。本書在此僅做概述，更詳細的內容，請各位讀者自行參閱該書。首先該書指出，「神聖」、「聖物」之類詞語的「聖」字，其實與其原本所指的事物並不一樣。起初，「聖」指的是「有高度智慧與道德，並通達事理的人」。例如：「聖人」一詞，原先就是用來表示「有高度道德的為政者」，後來才轉而指稱有高度道德的僧人。換句話說，從此時起，「聖」與宗教之間才開始有了關聯。

從前一段談及的內容中可以了解到，「聖」字一開始並沒有宗教上的「崇

2 編注：「性」、「聖」二字在日文中發音相同。

3《日本賣春史》（原文書名：日本売春史—遊行女婦からソープランドまで），小谷野敦，新潮選書，二〇〇七年。

高」意味。現在之所以會有這層面的意思，似乎是因為基督教的「saint／sacred／holy」等字在明治時期傳入日本時，日本人以「聖」字來表達它們的概念，才使得「神聖的」的意思從基督教流入了日文。

此外，該書也希望大眾多加注意大家時常以為「聖」的反義詞就是「俗」。其實，「俗」的反義詞並不是「聖」，而是「雅」；「俗」原先的意思是指「一般社會中的各種現象」，它與代表「超凡的美」的「雅」相對立，但「俗」也並不具「醜陋的」這種強烈意涵，而主要是指「日常的平庸、無趣感」。既然如此，那麼我們便可認為「俗」就與先前提到的「褻」一樣，都是指「日常生活中的邋遢模樣」。

再來，該書也針對「性」字說明：「在明治時代以前的日本，『性』完全沒有sex、sexuality等意思」。「性」一字，指的是「傾向、屬性」，本身與「sex」並無關聯（例如：「方向性」等，即是現在仍保留著這種原意的詞彙）。進一步來說，英文中的「sex」主要也是表示「身體上的性別差異」，直到進入二十世紀，它才開始有了「與性愛有關的事」以及「性交」之意。我在參閱與性交有關的古老文獻時，也會發現帶有「結合、交配」意思的拉丁文「coitus」其實更常用。

所以說，現代日本用以表示與性有關的用語，像是「性欲」、「性愛」、「性科學」或「性教育」等，其中的「性」字，比起用來比喻「有關性愛（coitus）的……」不如將它視為是以「人類（難以避免的天性）傾向」的意涵創造出與「性」有關的詞彙來得貼切。也就是說，就像日語中「聖」字一樣，「性」這個字，也是經由新創造組合出來的詞彙，才改變了「性」字的意涵，進而形塑出我們今日對「性」這個字的普遍認知。

二、究竟何謂「猥褻」？比起人民道德，提升政治與經濟效益比較重要？

到此為止，我們探討了一連串的詞語定義。雖然其中也暗示過，其實本書的假設，就是認為「猥褻」、「色情作品」、「下流」等詞語在現代的意義，是把原先適用於特定階級或宗教內的規範，套用到平民身上的過程中而產生的。因此，根據這個假設，便會與「支配或被支配」的政治關係產生關聯。

性規範在政治、經濟上的意義——如果太過於「色情」，繼承財產時將發生問題（一）

由貴族、富裕的市民組成的上層階級，因為其擁有的政治支配權力，自然就會想將自己的生活規範定義為「理想規範」。當上層階級接受了將「上帝面前，人人平等」奉為基本教義的基督教後，不僅是原本的宗教教義中被加入了各種不存在於原始典籍的內容，還逐漸成為對上層階級來說帶有「理想規範」的宗教[4]。例如：壯麗的建築、豪華的禮教與純潔的思想……都是在基督教的轉變過程中加入的要素[5]。但這些要素所顯示出的「理想規範」，打從一開始就是平民或貧民難以實行的，也正因為如此，它們有著作為區別階級的「指標」功能。

4　參考《英國十六至十八世紀的家庭、性與婚姻》，（*The Family, Sex and Marriage IN England 1500-1800*，日譯家族・性・結婚の社会史—1500年—1800年のイギリス），Lawrence Stone，北本正章翻譯，勁草書房，一九九一年，第九十九頁：「新教，包括其中各種清教徒的派系，在將基督教的道德觀念傳入大多數的家庭（特別是仕紳階層與都市市民階層家庭）時，成功獲得了『將結婚生活神聖化』以及『以教會禮拜取代部分的家庭禮拜』兩個成果。」

5　《英國十六至十八世紀的家庭、性與婚姻》，第二十七頁：「原先為了將女兒趕出家門，而由父親設立，且收容了相當多上流階級少女的修道院，在天主教會所重視的純潔理想下，於神學上、道德上獲得了合理化。雖說不是所有人，但其中許多少女在宗教生活中，找到了不同於最初就被決定的婚姻生活，且可以滿足自己的人生。」

而上層階級之所以能形成，且不斷延續（再生產）的原因，就在於他們的小孩可以繼承長輩的龐大財產。此處講到的財產，不僅僅是指土地、房屋等具體的物體，其他像是社會地位、技能與信用等無形資產也都包含在其中。那麼，對於上層階級來說，所謂的「理想規範」究竟有什麼功能？想當然耳，就是能夠保證他們社會地位的財產能夠安穩傳承、維持以及發展的功能。換句話說，他們的規範是先以政治與經濟的必要性為重，接著才是從背後構築、支撐這些財產的道德。

於是，不管是男性還是女性，在直到確定財產繼承人為止，都會被要求在性生活上要有所限制。之所以如此，是因為如果能夠繼承財產的子孫人數太多，就可能造成財產分散，或是帶來繼承紛爭。特別是女性在結婚生子前的純潔，更被人們賦予了很大的價值。而這目的，當然也是為了保證她所生下來的孩子，是真正繼承了擁有財產繼承權的男方血統。

另一方面，在上層階級中，由於通婚行為伴隨而來的龐大財產，使結婚在財產轉移的意義上成了僅次於繼承的好機會，因此婚姻制度也受到了很大的關注。於是，管理家族內未婚女性的身體，讓她們直到結婚前都保持純潔，對上層階級的世界來說幾乎就等同於財產管理[6]。後來，這種管理家族的能力，更被視為男子氣概或是男人的能力參考，於是女性的純潔，也就與家族名譽扯上關係[7]。

除了這種以經濟利害為由的婚姻規範外，宗教的價值觀也讓人們在婚姻裡不斷地新增各種規範。其中最大的變化，在於十三世紀之後，若男女雙方的結合不被教會認可，那他們就無法在宗教上、法律上正式通婚。既然不能在宗教上、法

6 《古羅馬人的愛與性》，第八十一頁：「古羅馬的名門望族也非常重視自己的女兒在結婚前保有的純潔，因為如果財產要確實繼承，就需要確保她們生出來的孩子是該父親的兒子。」

7 《英國十六至十八世紀的家庭、性與婚姻》，第四百二十一頁：「在十六、十七及十八世紀，人們對於『名譽』的概念有非常明確的定義，與今日有著天壤之別。當時的男性能對男性所說最凶惡的話，就是說對方是『騙子』。必然地，『你是騙子』在上流社會中代表決鬥的申請；在農民或工匠的世界中，則代表著爭執、紛爭的發生。至於女性能對女性所說最凶惡的言詞，就是說對方『沒有節操』。當時，以毀謗、中傷告上宗教裁判所的案例也不在少數。可以看出，男性的名譽與他們話語中帶有的信用度有關，而女性的名譽則與貞潔有關。」

律上正式通婚，那麼以此作為基礎的財產關係自然也就無法成立。這樣的變化究竟帶有多大影響，顯而易見。

在十二世紀以前，歐洲社會的結婚與宗教是兩個八竿子打不著邊的領域；對人們來說，結婚不過形同兩個家族間的契約或交易。不過在那之後，人們將基督教所謂的「結婚是無法抹滅的兩性羈絆」概念作為踏板，使得婚姻受到教會控制。經過十三世紀的第四次拉特朗公會議（Fourth Council of the Lateran），結婚成了基督教重要的宗教典禮「聖禮（Sacrament）」之一。除此之外，也因為教會為了實際保障信徒們的優良家庭觀念而推動一夫一妻制，自那時起，結婚、家族，與繼承，就全面被編入了有神職人員介入的教會制度，以及基督教道德體系之中。特別是，人們強調女性純潔與貞節的重要，同時也加強了妻子應該服從丈夫的規範，以維持家族秩序。這個部分的內容，本書會於第二章再詳細描述。

另一方面，因為下層階級沒有財產，因此也沒有必要實踐上層階級所規定的「理想規範」；而也正因為這種「無法實踐」的緣故，下層民眾就被歸類為低劣的階層。因為沒有可繼承的財產，比起繼承財產的血統，下層民眾更重視維持每天生活所需的經濟單位——家庭。此處所說的家庭，實際上也包含了很多非血親關係的人。在缺乏血統意識的下層階級社會，性方面的純潔自然沒有什麼特別重要的價值，所以下層階級的男女，都會在成長的過程中，從兒童的嬉戲，漸進地接觸到包含性元素的遊戲。

雖然不論男女，下層階級的人們都需要為了生活而從事勞動，不過女性能夠從事的職業類別卻非常有限，工資也非常低，且無法否認，她們所能從事的工作，也包括不需職業訓練、內容單純，工資也比較高的職業——賣春[8]。

以上層階級的規範來看，會將下層階級的這種生活視為「下流的」且「猥褻

8 《英國十六至十八世紀的家庭、性與婚姻》，第五三六頁：「不僅是貧困階級，在赤貧階級中衍生的濫交文化也支撐著娼婦階級。對於某些少女們來說，比起當一位生產婦女上衣的縫紉女工，每天工作十四至十六小時，販賣自己的肉體，反而是維持生計更好的方式。」

的」，或許也是無可厚非[9]。而且，如同先前提過的，當一個人試圖提升社會階級時，會屢次展現出比上層階級的人，還更尊重上層階級規範的態度。所謂的「勢利主義（snobbism）」，就是能在這過程中看見的現象。成功實現階級上昇的人，無非是「理想規範」最強力的讚美者與倡導者；但同時也是這麼一群人，更會去蔑視比自己地位低下的人。近代以來，這類現象頻繁地發生在人類社會中[10]。

這個變化，與未曾擁有過政治權力的平民開始得到政治自由的過程有關，即是說，在現代化、世俗化發展的過程中，以往與特定的宗教、階級緊密依附在一塊的規範，會逐漸從原本依附的理由脫離，從而普及為「一位正經、獨當一面的人」所應遵從的行為規範，這過程也可以說是「道德化」。

以下引文可能較長，本書在此自勞倫斯．史東的著作《英國十六至十八世紀的家庭、性與婚姻》中，引用相關的部分：

一個決定性的重要發展，就在於充滿企業家精神、富裕的資產階級爬到了經濟上的更高地位；另外，雖然難免受到限制，他們同時也在政治面、社會面獲得了更高地位。（中略）特別是在他們為了達成對外彰顯自身品味而努力的傾向，使得他們在家庭生活上，更容易受到民間流傳的警世故事影響，而這些故事通常以宗教道德或世俗道德為主題。他們透過經濟與專業的

---

9 米歇爾．傅柯《性意識史I：求知的意志》（日版由渡邊守章翻譯，新潮社，一九八六年）一五二～一五三頁：「如果以『打壓』一詞來描寫性欲望的歷史，且將其打壓的原因歸咎於活用勞動力的話，那麼在性方面的管理與控制上，就必須假設這種『打壓』在套用到貧窮階級上時，是一種更加強烈且縝密的存在；我們必須想像這是一種最大規模的統治與最有體系的壓榨。（中略）然而，我們很難相信事情是如此發展。相反地，社會出現的是最嚴密的技術，極少數能遵守的人，都是在經濟上受惠，或是在政治上擁有領導地位的階層。良心的引導、自我驗證，以及與『肉體即欲望』有關的各種長期形成的罪惡，還有付出大量努力來探究自己的情欲……，所有這些詳細的手段，幾乎可以說是只有特定的群體才有辦法做到。」

10 《英國十六至十八世紀的家庭、性與婚姻》，第五三〇頁：「十八世紀後半，表現得很上流的倫敦小資產家、商人，甚至是工匠、職人的社會階層中，『自己的女兒欠缺純潔是眾所周知的』，而這在當時也沒人認為會造成結婚上的障礙。然而，到了他（Francis Place）寫下自傳的一八二〇年代後，這樣的慣例，就只限定在屬於經濟、社會最底層的雇傭勞動者、流浪謀生者，以及肉體勞動者的女兒們身上了。」

成功，使自己離開過去明顯的階級地位與生活文化，重新出發。因此面對新事物時，只要他們認為這是最適合自己的新生活，那麼一切都會被接納。他們之所以會成為當時警世故事的忠實讀者，就是因為其擁有高度的識字能力，以及以道德為目的的思考模式。雖然，他們地位上昇了，但仍然醉心於養育孩子，以及熱中於給予孩子接受自己所欠缺的菁英教育。

個人認為這就是當今社會性規範的起源。關於這點，本書會在第三章再詳細敘述。

性規範在政治、經濟上的意義
——如果太過於「色情」，繼承財產時將發生問題（二）

「家庭」的形態，常會因時代、地區而有所不同。我們所認為的一般家庭

——也就是由父親、母親、小孩組成的核心家庭，在日本變成主流其實只不過是短短數十年間，且家族成員之間也並非一定要有血緣關係。至今，人們對於「家庭」的認知，基本上都是由擁有血緣關係、姻親關係與主從關係的人們組成的生活組織或宗族（祭祀）組織。

我們經常以「房屋」的意思來理解「家」這個字，不過，制度上的「家（familia）」，則是指保有財產，或是保有能獲得某種利益的社會地位的群體。也就是說，「家」的本質就是維持與繼承財產。因此，手上沒有財產可繼承的平民，按理而言原本應無「家」的概念。

若「家」的本質是繼承財產，那麼財產的繼承順序想必就是大家最關注的事情了；而決定這個繼承順序的架構，就是所謂的家庭制度。由正妻所生、擁有繼承「家」的財產立場的孩子稱為「嫡子」；由正妻以外的女性所生、沒有繼承財產立場的孩子，則稱為「庶子」。所謂的「嫡」，指的就是在宗教、法律上，與丈夫擁有同等地位的正妻。

從制度上來說，繼承是以嫡子出生順序為優先，沒有嫡子存在時（或是即使有嫡子，但可以說服對方時），則也能透過收養來使任一人物成為嫡子。為了確認與掌握財產的男性（家長）發生過性行為的女性中，到底誰是正妻，才需要政府規定的手續以及宗教制定的儀式，也就是所謂的「婚姻制度」與「結婚典禮」。一旦確定正妻是誰，只要她沒和其他男性發生過性行為，那麼她所生下的孩子，就能確保是家長的嫡子。

此處有個重點必須重申。在父系制度下的財產繼承制度裡，女性的純潔與貞節將會是財產繼承順序的關鍵。說到底，擁有可繼承財產的家庭，大多都是社會的統治階層。或許也可以反過來說，只要是社會的統治階層，都擁有他們應該繼承的財產。因此，為了穩定財產繼承的架構，上層階級的女性都會被要求重視性方面的純潔與貞節；沒能維持純潔與貞節的女性，就會被貼上不名譽的標籤。

從男性角度來看，也能解釋財產繼承順序可能與性規範的理由有關。在嬰幼兒死亡率居高的社會裡，為了穩定財產繼承的體制——也就是為了提升男性繼承人的誕生機率，也很常看見男性與正妻以外的女性發生性關係的案例。然而，若同時有兩人以上同年齡的男子誕生時，卻又容易發生財產繼承的紛爭。因此，男性與正妻以外女性間的性關係，理應就會維持在財產繼承所需的最小限度；若是上層階級的男性在性方面過度放蕩，就有可能變成譴責的對象。

看到這裡，有些讀者們可能會問：既然「家」只是單純的財產繼承制度，那血緣又為什麼備受重視？

是這樣的，親子關係是當今人們所認為最穩固的血緣關係，不過在二次大戰前的日本，卻存在著不少以我們當今的觀感來說屬於「領養」的案例，且其案例數量之多，不禁讓人認為是否無論公卿、武士、商業還是富農家族，只要是長久維持了家系的「家」，都運用過收養手段。直到近代為止，日本仍認為最重要的是如何讓擁有歷史淵源的「家」存續下去，至於遺傳或血統層面意義的繼承性，似乎就不是那麼絕對。

其實，這點過去在歐洲也是一樣的情形。之所以這麼說，是因為人們弄清醫學上的遺傳法則、認識遺傳的繼承關係，都是在二十世紀以後的事情；像是人們發現孟德爾定律時是在一八九五年；血型辨識的發表則是在一九〇〇年，也就是說，在這之前，丈夫並沒有確切方法能知道自己妻子所生的孩子，是否真的繼承了自己的血統。如果想要確切了解，就只能透過丈夫對妻子在性方面的嚴格管理了（而此時就會產生如前面所提到的「性方面的理想規範」）。不過，只要妻子的意志還是自由的，那麼想要徹底管理，就肯定是個困難的嘗試。因此當時多數的父親，即使對妻子所生的嫡子抱有疑慮，也會採取不過於拘泥的態度。

儘管如此，非正統血統的繼承，說到底還是非常手段。在人們認為父系繼承是理所當然的社會裡，最適合的繼承方式，仍是由父親傳給兒子，且其中需要沒有任何疑慮的血統繼承。雖然這說法會進入循環論證（**circular argument**），但過去這方式才是紛爭最少、也不須說服任何人的正統方法。另一方面，在繼承對象為養子時，若有其他主張繼承權的人物存在，那就會需要一個能讓養子正當化他繼承「家」的強力理由作為後盾。

從反面來看這些案例，可以了解在沒有財產繼承問題的階級，幾乎也不需有純潔與貞操的價值觀。本書前面曾提過：「未擁有財產的平民階層，更重視的是『家庭』這一維持日常生活所需的經濟單位」；而在這個「家庭」裡，同時也包含了非血親的成員。既然如此，那我們便能從中了解到，尊重、服從與「性」相關制度的態度（禁欲式的態度），以及對性採取開放且自由的態度，就被賦予了某種「指標」的功能，可用來分割上層階級與下層階級。我認為，平民階層中對於性方面的開放、自由，就是「猥褻（平民般的邋遢感）」與「obscenity（陰暗、潮濕、不潔，令人不快的樣子）」的概念，和性有關的事物相結合後的結果。如果符合上層階級規範觀念的事物叫做「上流（decent）」，那麼平民階層的各種型態，也就自然稱作是「下流」了。

平民即猥褻——上層階級的「色情」不屬於猥褻？

先前本書已經提到，人會被要求尊重性的規範，是因為與財產繼承的必要性有關。不過，或許會有讀者指出：「可是那些所謂的上層階級，不才是在性方面最奔放的一群人嗎？」沒錯，就如同先前看到的，擁有財產的階級中，人們必須事先準備好財產繼承人，因此，對於他們（上層階級的男性）來說，性行為可說是相當重要的工作。另外，因為他們擁有十足的財富，如果已確定財產繼承人，那麼即使再如何沉溺於性行為，也不致於使妻子受苦。也就是說，只要已經指定好繼承人，在這個階級裡，其實也沒有特別需要去限制性行為的理由（再說一次，該前提是「已確定繼承人是誰」，這點很重要）。此處的重點，其實就只有一個，那就是「為了明確讓財產繼承人身上的血統，沒有任何一絲疑慮」。上層階級的女性在結婚、生下第一位男孩之前，都會被嚴格要求保持自身的純潔。不過，即使是在性方面很自由的階級，其實也很流行養生術。養生術指的是一種與自我管理相關的知識與技巧，其中包含以特定方式限制性行為的做法；除此之外，上層階級為了實踐健康、衛生以及子孫興盛等美德，也會對性行為實行相當程度的自我管理。

接著，因為我們已經了解到「猥褻」的意思是「平民在日常生活中的邋遢貌」以及「陰暗潮溼、不潔，令人不快的」，因此，上層階級的性行為，並不屬於猥褻。即使貴族們在同輩之間進行性行為，也只會被當作是伴隨美妙、上流的「遊戲」或「宮廷愛情」。簡單來說，就是「我們的情色是高雅的情色，一點都不猥褻」的意思。畢竟原本「猥褻」就不等於「色情」，所以這麼說倒也沒錯。

歐洲開始出現宮廷愛情的時期，一般被認為是在十二世紀左右[11]。而十二世紀以前的歐洲社會，由於男性是以掠奪方式強娶女性，且這被視為一種結婚的模式，因此即使存在戀愛感情，仍會被認為是男對女的單向行為。雖說如此，過去

11 探討文學或文學史料中的戀愛形式的變遷，便可以整理出戀愛形式從十二世紀歐洲的宮廷愛情，演變到十七世紀法國的「激情愛情（amour passion）」，接著再到十九世紀英國的「浪漫愛情」的發展順序。

的古羅馬法律中，還是會將通婚行為裡是否有「結婚意向」，視為判斷基準。只是這個「意向」的重要程度，似乎也僅類似我們簽訂契約時的「意向表示」。後來，人們理解這個「意向」是兩性之間的愛情，而逐漸認為兩性在愛情上的合意，才真正具有決定性。於是，戀愛再也不是男性對女性的單方面行為，而是男性透過「求愛」的形式向女性追求愛情的行動。在這層面上，戀愛就成了男性透過敬意與懇求，殷切希望女性在精神上接受自己的表達模式。

十二世紀，根據這個變化得出一套理論的祭司安德烈亞斯・卡佩拉努斯（Andreas Capellanus）在其著書《宮廷風戀愛的技術》[12]中，提到戀愛可以提升一個人的德行，並提倡戀愛應該與欲望分離。他徹底批判由欲望衍生出來的戀愛，主張「以財產與性愛為目的之戀愛，不能稱為戀愛」，不過這樣的方式，反而成功將宮廷愛情定位在道德層面。也就是說，雖然實際上宮廷愛情含有充分的性愛要素，不過他成功地讓人們認為，以形式或儀式上的行為來實踐宮廷愛情，其實是種「精神上的高尚」。

如果說各種對性愛施加的規範，原本是為了維持財產繼承秩序而生的考量，那麼卡佩拉努斯的思想，就真的相當諷刺。不過，就如同先前所見，這種被理想化的觀念、道德化的戀愛觀，本身卻也有著讓上層與下層階級做出區隔的政治效果。

然而（或者說「正因如此」），這種宮廷愛情終究只會出現在文學之中，現實上幾乎無法實現。因為這種主要描寫無法結合的男女心中煩惱、痛苦的宮廷愛情故事如果要成立，就必須要有個前提：外遇——無法公開承認的戀愛。也就是說，這種被提升到道德面、精神面的宮廷愛情，背後其實隱藏了許多宮廷之中無法正式結合的外遇與情欲。或許，宮廷愛情真正的功能，是以藝術形式來表現出理想的戀愛，並透過它宛如真正存在般的傳述方式，來作為擁護貴族階層，同時輕蔑平民的性愛屬於「猥褻」的根據。

---

12 《宮廷風戀愛的技術》（*De amore*，口譯宮廷風恋愛の技術），Andreas Capellanus，John Jay Parry編輯，野島秀勝翻譯，法政大學出版局，一九九〇年。

那麼，在性愛層面中，上層階級所面臨的嚴重問題究竟是什麼呢？不是外遇，也不是同性戀，而是與下層階級之間的通婚。當時，上層階級的男性間相當流行尋找下層階級身分的人來當性對象，成為他們對象的女性也生下了許多庶子。不過人們似乎也司空見慣，完全不認為有什麼問題[13]。在古羅馬時代，奴隸就等於道具，因此就算把他們當作性道具，也不會有人認為異乎常軌[14]。順帶一提，被《猥褻出版刊物法》取締的著名書籍《查泰萊夫人的情人》之所以會被認定為「猥褻」，其最大原因，比起書中對性的描寫過於露骨，更多人認為是因為它描寫了上層階級女性與平民階層的園丁（或曰「獵場看守人，gamekeeper」）有了戀愛感情，甚至肉體關係之故。假設查泰萊夫人的情人是貴族階級的男性，或許這個著作就會被當作是很普通的戀愛故事吧。

如同這樣的例子，上層階級的男性與下層身分的人發生性行為，其實相當常見。然而，這與牽涉到社會地位的結婚卻不是同一回事。身分不同的人之間通婚，常會因為「貴賤通婚（morganatic marriage）」的理由，而在法律上受到限制；不然就是會遭受某些來自法律的打壓或者社會的壓力。

舉例來說，即使是只對婚姻施予些許限制的日耳曼法律（Ancient Germanic law），也嚴格禁止身分不同的人通婚；撒克遜人對於貴族與平民間的通婚，更是以死刑罰之[15]。這些例子，或許都是來自不希望猥褻的平民階級進入貴族階級的厭惡心理。

反過來說，由於上層階級所謂的「門當戶對」的婚姻，通常都是牽涉到財產或軍事的政治婚姻，因此一旦財產繼承者誕生，結婚的目的就會消失。夫妻之間有戀愛感情的情況反而是很稀有的事情，夫妻雙方基本上都各自擁有另外的情

13 《英國十六至十八世紀的家庭、性與婚姻》，第四二三頁：「十八世紀後半，就算是虔誠又貞淑的上級階層女性，也會認為那單純是性方面的熱情，只要其中沒有伴隨情感的依戀，她們對於丈夫的不貞，都是睜一隻眼閉一隻眼。薩爾夫人雖然對於丈夫與自己的一位朋友陷入了沒有性關係的戀情而感到痛苦，但是，她對丈夫與下層階級的主婦們數次私通，卻絲毫不以為意。」

14 參考《古羅馬人的愛與性》，第七一～七二與八一頁。

15 參考《德國私法概論》（*Deutsches Privatrecht*，日譯ドイツ私法概説），Heinrich Mitteis，世良晃志郎、廣中俊雄翻譯，創文社，一九六一年，一二〇頁。

人，也就是說，戀愛與結婚是完全分離的兩件事。從這裡或許就能看出，結婚是與財產繼承有關的制度，它與讓人產生精神或肉體歡愉的戀愛，是截然不同的兩回事。

另一方面，既然說「猥褻」的概念被強加在下層階級的生活之中，那麼我們就能簡單理解，儘管今天有一幅全裸女性的畫作，但只要那是藝術家創作出的神話女神或女性貴族階級，那麼它就既不屬於pornography（色情作品），更不是obscenity（猥褻）。

事實上，即使西方的裸女畫像是以情婦或娼妓作為模特兒所創作出的作品，只要藝術家聲稱他描繪的人物是神話或是歷史上的人物，便很容易被人接受。例如：十九世紀時的安格爾（Jean Auguste Dominique Ingres）與德拉克洛瓦（Eugène Delacroix）便是經由這樣的方式描繪裸女畫像，而且沒人認為有問題。然而，當馬奈（Édouard Manet）在他的作品《草地上的午餐》中，將裸體的女性畫入了市井小民的日常風景，即遭到了一連串「猥褻！」的罵聲。這種現象正說明了「猥褻」概念的本質，因為在當時的常識裡，人們認為會在穿著衣服的男士們休閒之處裸露身體的女性就是娼妓。

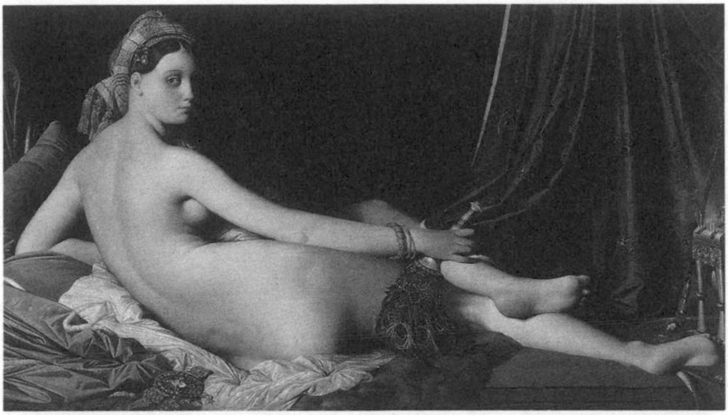

多米尼克・安格爾《大宮女》（一八四一年）。

愛德華・馬奈《草地上的午餐》（一八六二年～一八六三年）。

三、第一章總結

本書在此先整理一次內容。首先，「猥褻（obscenity）」並非單純只是「色情」的意思，就歷史的角度來說，是指平民在日常生活中的邋遢模樣。在法律學的用詞中，「猥褻」則是以間接（委婉）的方式，來表示與性規範或性相關的用語；特別是在性表現規範中，「猥褻」二字專指「最露骨、明顯的表述」用語。這兩點，就是我們對於「猥褻」這個詞所該注意的地方。

原先用來表示平民日常生活樣態的「猥褻」一詞，之所以會逐漸產生與性交有關的意思，是因為上層階級對性有著某種程度的嚴格規範；但下層階級對於性的規範則相當鬆散，於是，性規範的差異逐漸產生了區分階級的功能。另一方面，對於性，上層階級的理解是只要它屬於上層階級自行產生的固有形式，那就是上流、優雅的；而下層階級欠缺形式的性生活，就是「骯髒且令人厭惡之事」。以上這兩點，便是「猥褻」會被認為是反社會的原因。

此外，本章也提及，上層階級與性有關的規範，簡單來說就是依附於政治或經濟利益關係下，與財產繼承資格息息相關的規範體系。

第二章

歷史篇——「性」的社會比較論

一、人們至今對性的定位

本書先前已經說明，「猥褻」是從嫌惡平民日常性生活的心理而產生的。不過，「猥褻」之所以會被認為是邪惡的，其背景似乎是因為人們對於「性」本身就存在著某種邪惡的觀感。因為下層階級的邋遢日常生活，原來並非專指性生活，但既然現在「猥褻」一詞，會被刻意專門用來談論性生活，無非代表著「性」，一直以來都被看作是典型的品德不良。

於是此處，就讓我們來看看，性逐漸被定位為品德不良的過程。

自然信仰的角度——群體中有著容納「色情」的空間

就我所知，至今存在過的社會秩序以及自然信仰（指在沒有經書教典的情況下，所形成某種體系的信仰），對於「性」這件事，未曾從根本上加以否定過。但我知道，早期部分的基督教教團曾禁止過性行為。即是說，會有信仰將性行為看作是邪惡之事，也是相當有可能。像是被視為基督教異端的諾斯底派（Gnosticism）與卡特里派（Cathari），就主張「善良的靈魂」與「邪惡的肉體」的二元論，因此，他們視現世為惡，相信斷絕與現世的關係、持續禁欲才是走向天堂的方法。據說只有少數的指導階層真正實踐了這種嚴格的禁欲生活，且從教義角度來看，也很難認為這樣的信徒群體能夠永遠存續下去。於是這些派系，也因為被天主教視為異端而受到排除、施壓的關係，只短期存在過。

古時候的群體社會規範認為，因為性可以產生下一代、延續世界以及強化群體意識，所以將性視為群體秩序中的「特殊存在」[1]，並給予尊重。而這樣的想法，或許才更自然。許多群體認為，能夠帶來幸福感的精神藥物、舞蹈以及儀式，都是能「與超然之事物建立交流」的方法，因此群體的領導階層，會在特別的日子或特殊條件之下，管理與性有關的儀式或事務。這些雖然都屬神祕、超自然的事物，卻不一定屬於「聖／俗」或「善／惡」二分法中的聖與善。然而，性行為以及性方面的事情，也與精神藥物、舞蹈、儀式同樣，能對我們的精神上產生作用和帶來陶醉感；或許也因為性行為的結果與誕生小孩的生命奧祕有所關連，因此性事才理所當然地在群體秩序中獲得地位，同時受到特定的儀式、制度、時間與地點的限制。順帶一提，此處所提到的性行為與性方面的事情，與本書前面所談的「以財產繼承為主的社會婚姻」層次並不相同。

關於這些性層面的事情，人們多將它作為不需言語解釋的「禁忌（taboo）」，並給予尊重。不過，性在這個階段遭到禁止的原因，並非是出自性會引起興奮，或是會讓青少年墮落之類的理由，而是因為那會侵害到群體奠基於自然信仰的秩序，而違反規則的人，當然就得接受處罰[2]。

1　此處不使用「神聖的存在」一詞，是為了避免與後面基督教所定義的holy之概念搞混。

2　不過也有紀錄指出，人們從倫理上對於性行動的考量，並非都只牽涉到公權力的直接介入。甚至有非以強制為手段，目的僅在於喚起人們道德心的性規範。

在過去的日本，因為人們將性行為視為儀式或祭典的一環，所以會在信仰生活中心的神社或寺廟進行與性行為有關的儀式。由我們今日的價值觀來看，這種事情或許相當猥褻，不過，倘若當時的群體秩序，是將那些儀式、祭典視為正當且必要的事物才將其制度化的話，那麼「性」就非但不是威脅秩序的行為，反倒還能說是人們為了穩固秩序，而受到尊重，且加以實行的活動。舉例來說，赤松啟介的著作《夜爬民族學與夜爬性愛論》[3]中，就記載許多關於日本維持至今的傳統性習慣，其內容雖然令人吃驚，卻也為我說明了小時候怎樣都想不通的大人行為，因此很推薦讀者一讀。此處還需讀者們記住一點：只要遵守群體秩序的禁忌條件，那麼進行性行為，對於人們來說，就與進食、睡眠一樣是很自然的事情。

不過，離開自然信仰的觀點，到了基督教等啟示宗教的教義逐漸普及的時代後，人們將性視為品德不良的觀點便也逐漸確立。雖說如此，但這觀點仍與現在的「我認為色情是不對的！」有著些許差異。例如：在歐洲十二世紀至十九世紀，宗教裁判所有著性方面事項的裁決權，即是說，性事是受宗教權威管理的。與其他宗教一樣，基督教之中也有為數不少關於「正確的性行為」的規範，但當時其撻伐的對象，終究是只有脫離了該規範的性行為，以及表現（express）了這類性行為的物品。這裡要注意的是，不服從規範時，將會被以「因為褻瀆神明」的理由打壓；然而「性方面的興奮」或「下流」，倒是沒有什麼問題。也就是說，該規範的參考基準，與當今我們所規範的猥褻看似相同，實則不同。因為「下流」是到了現代之後，才開始被人們視為問題。

這裡再重複一次前一章的論點。在社會逐漸現代化的過程中，性行為在下層階級的「日常性質」，導致了上級階層對他們的「平民日常生活中的邋遢樣」、「陰溼、不快且不潔的」等評價，也就是「猥褻」。再加上若是上層階級的信仰與下層階級的信仰相互分離時（例如：上層階級信仰基督教，下層階級維持傳統

3《夜爬民族學與夜爬性愛論》（原文書名：夜這いの民俗学・夜這いの性愛論），赤松啟介，ちくま學藝文庫，二〇〇四年。

宗教），則可能更容易導致下層階級的性習慣被評為「猥褻」、「相當令人不快的情狀」。論其原因，自然是因為它背離了理想的社會規範。

古典哲學的角度——性極其自然，且無分善惡

古希臘或古羅馬的哲學中，多以自然神論、多神教的世界觀為基礎，認為渾然天成的世界處於一個和諧狀態，而在這世界裡所發生的事情，並不存在本質上的善惡區分。其中也說明，善惡與苦樂全是由人類不夠完善的認知所引起，因此終究只是一種主觀感覺。

此哲學亦認為，神賦予了人類一個神聖的屬性——理智，來與動物區別，因此強調相較於野獸的本能與肉體，人類所擁有的、接近於神佛的理性精神更顯優越；此哲學並主張人類的本質就是這種理性的精神。此處所謂的理性精神，指的是實質去形成族群、相互扶持的人類心中，所擁有的那股試圖實現公共善的

意志[4]。

若以這個想法為基礎，那麼現代人首重的課題，就是如何遠離動物層次的肉體誘惑，並專心致志地使自己的理性精神與神的秩序保持和諧。另外，也須視自然存在的一切為神明的創造物，並與其保持和諧；相對地，由人類製造的有形、無形的一切，則為有缺陷、低了一等的存在。更進一步來說，妨害自然的推移、違反自然、改造自然的一切作為，都是對神明的褻瀆。

接著，「世界和諧」的信念也能解釋為：包含人類在內，一切生物之所以會進行生殖活動，正是因為神明是如此創造生物的，所以生物本會如此。因此，只

4 關於希臘或羅馬性規範的介紹，可參考米歇爾．傅柯《性意識史II：快感的享用》（田村俶翻譯，新潮社，一九八六年）。書中特別強調，雖然基督教主要的性道德要素各自有不同的理由，但是這些理由卻也都能在希臘與羅馬的性規範中找到。希臘與羅馬的性規範的核心價值，在於成年男性對女性、青年所行使的理性支配力量；而「節制」，也可認為是人對自己的理性支配。不過，此種男性的性規範就如同基督教的體制一樣，並非是設計成教條或法律等從外部作用的規範，而是認為它應是被自主地、主動地實踐，以去維持的道德價值。

要步入成熟的階段，肉體上已可進行生殖活動的話，那麼進行生殖活動，本質上就沒有任何的錯誤與危害。

舉例來說，在古羅馬時代，只要男女已能進行生殖，就會被視為成人。而這個時間點，男女都大約落在十四至十六歲。至於牽涉到經濟、政治背景的通婚，則據說是男女雙方會在極年幼時訂下婚約，並在女孩子十二歲左右時進行[5]。順帶一提，這個時期的羅馬男性平均壽命為四十一歲，女性則為二十九歲[6]。

此種一旦獲得生殖能力，就會被視為成人的模式，不如說才是自然的現象，多數民族應曾採用過，其實這點在日本也是一樣。遵循自然衍生規則的生活方式，就等同於其他的生老病死等現象。古時候的自然哲學，即是要求我們，當面對產生於感官的刺激時，要泰然接納這真實的感受，同時保持內心的理性。

另一方面，從「保持理性精神、控制動物性的欲望」的觀點來看，性也是需要適度控制的。若人類應將「理性地生存」奉為最高圭臬，那麼動物的情欲與感官的快感，就會妨礙人類行使理性；又或者說，當人們碰到會使理性消失的欲望時，就必須盡早加以驅逐。像是阿爾貝托・安傑拉就在其著書《古羅馬人的愛與性》[7]中提到：「古羅馬不僅不禁止手淫，認為這是自然的行為，更未曾被人們批評過是不健康的。」

另一方面，若從「人類所創造的事物都有缺陷」的信念來判斷，並以古希臘或古羅馬的哲學為前提，違反人類自然身心靈的法律與制度，可能就難以被視為正確的法律或制度。此外，為了情欲與快感而去損傷肉體、傷害精神的行為，則可能是出自於非理性或非自然的行為，而被嚴格禁止。

舉例來說，古希臘所探討的，並非與性行為有關的道德或倫理，而是它與健康或家庭管理間的相關問題。對於需耗費精力的性行為，則認為若能保持個人與

---

5 參考《古羅馬人的愛與性》（*Amore e sesso nell'antica Roma*，日譯古代ローマ人の愛と性─官能の帝都を生きる民衆たち），Alberto Angela，關口英子、佐瀬奈緒美翻譯，河出書房新社，二〇一四年，一一〇頁起。

6 《古羅馬人的愛與性》，一八四頁。

7 《古羅馬人的愛與性》，二六七頁。

快感之間的平衡，並且有所節制的話，就值得讚許[8]。至於，為了情欲與快感而犧牲的奴隸們，據說因為他們在奴隸制度下不被視為「人」的關係，因此無人去考量他們所處的惡劣狀況。

經過以上的探討，我如此認為：在古希臘等古典的自然哲學中，但凡有意圖地攻擊自己或他人的身體、精神，都應該基於不良德行的原因而被禁止。但是，若是有關可能對身體或精神造成危害的表述內容，我則認為只要其中不含有惡意的話，則考量到它能授予人們如何防衛的知識，因此在善惡的立場上，應給予中立的評價。

在這個立場上，當今所有被認為是違法有害的表述內容，若都是自然現象且為事實的話，那本質上不僅不違法，也無害。因為我們是為了生殖才去性交，若身體上可行，那麼事實就是從極低到極高年齡的人，都有可能進行性交。因此這種自然事實方面的表述，個人認為並不構成什麼問題。

假設真的需要限制對此類事實的表述，那也應是為了那些努力想穩定專注保持理性精神的人，幫助他們限制情欲與快感對他們的誘惑。因為對於想保持理性的人來說，情欲與快感的誘惑將可能是種危害。但反過來說，對於並未特別堅持保有理性的人來說，就算碰到這類內容，也不會面臨什麼危害。當然，一個人即使不為保持理性而努力，也沒有理由受到責備，因為內心的自由無法受限。雖說如此，此類人從接下來要提到的「宗教」觀點來說，仍可能會被視為未受教義啟發的靈魂。畢竟宗教的目的，就是以某種教義來整飭人心。

另一方面，不符事實的表述內容，則應原則上統一視為無價值。假設在某種表述內容中，含有妨礙理性生存方式的誘惑，那麼基於無益有害的理由嚴格禁止，或許也正是大眾所望。但反過來說，如果其內容非為事實，那就只能在它蘊含對我們理性精神的健全，或是真善美等方面有所貢獻時，才能夠被允許。就我推測，從古至今，所謂的文藝批評，就是以此觀點對「虛構敘事（fiction）」進

8《性意識史II：快感的享用》，第三章。

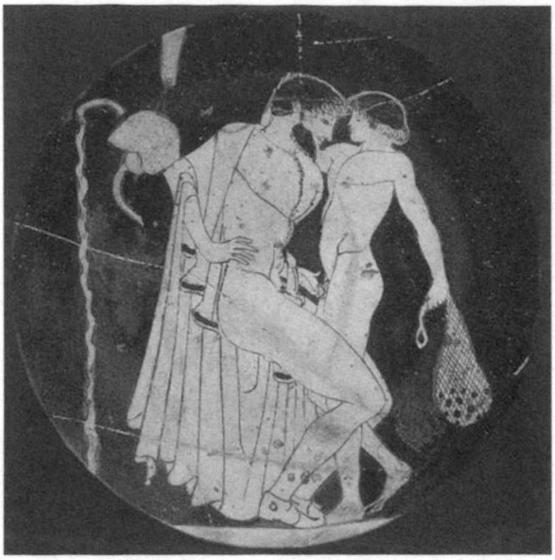

描繪了古希臘少年愛的版畫。

行評價。

再者，若站在「人類創造的一切都有缺陷」、「不容許妨礙神所創造出的和諧世界的自然進展」這個思考模式來看，我認為行為就會被區分成「自然且正常的行為」與「不自然且異常的行為」。雖然我對這部分不甚熟悉，但這可能是當時哲學上思維與爭論的標的。想當然耳，不自然且異常的行為會受到法律或制度的禁止，但是，過去判斷一件事是否為不自然且異常的基準，也與現代不同。就以男同性戀來說，古希臘就將其制度化，也就是把「少年愛（paiderastia）」作為教育課程的一環[9]；而古羅馬，則視男同性戀的關係為支配的工具或象徵。也就是說，他們並不把同性戀看作是不自然的禁忌[10]。

從宗教道德的角度——性因為「理想規範」讓人自然否定

自然哲學的立場，是從「自然與現世的一切都是善」為出發點思考。不過，後來出現的另一個立場，對這種自然哲學提出了「更好的世界」的構想，主張應改造渾然天成的自然與現世。在此，我們稱這個立場為「宗教」。換句話說，這就像是各種宗教權威，認為「自然世界」這個硬體有缺陷，為了修補它，於是各自提出了自己所創造的作業程式。

當然，這些作業程式，也就是宗教在信徒意識中描繪的介面設計，它會使得信徒們認為自己看到的彷彿是「世界的本質」。在自然哲學的意義上來說，這就像是從各種不同的面向，描繪與說明以單一自然法則在運作的世界。

9《性意識史II：快感的享用》，第四章。

10《古羅馬人的愛與性》，第七十頁起、第十二章。

因為宗教A與宗教B理解世界的方式不盡相同，因此不同宗教之間，就很難在對事物的理解與認識上達成共識（相容性低）。不僅如此，實際上，就算是同樣的宗教，內部對於「如何去理解世界」的爭論也不曾平息。若是組成群體的各個成員，都對世界的認識都有不同看法，那將會使群體失去功能，因此人們才會有強制整個群體一致信仰單一宗教的傾向，而這就是宗教團體與國教的概念。

雖然我認為現在日本的法律、制度以及道德的基礎，應該要建立在日本傳統或文化上，但如同大家所知道的，日本在明治維新後，從歐洲引進了許多現代文物，特別是法律與法學理論，因此基督教道德思維對日本影響相當大。在接下來探討的內容中，雖然仍有不足之處，但我打算試著以基督教道德與佛教道德為基礎來進行討論。

原始的佛教教義，其實與先前提到的自然哲學有十分相似之處，一開始並不把重點放在我們世俗生活中的規範與倫理上。因此，在此處的論點中，佛教是指塑造了日本世俗道德觀的日式佛教。然而，這樣的日式佛教也相當複雜離奇，以致於無法在本書清楚說明。若有讀者對這方面有興趣，推薦各位閱讀市川茂孝的《日本人如何思考性》[11]一書。

此處談個題外話。在日本江戶時代，以武士為中心的上層階級，都曾被要求遵守比平民還要嚴格的禁欲規範——也就是儒學（朱子學）。這樣的一個武士規範，即當今我們設想的「理想規範」基礎之一。或許可以說，之後的明治政府將武士規範置入日本國民規範的基礎內，並結合了引進日本的基督教道德思維，藉以嘗試讓全體國民成為「開明的武士」。

此處所要探討的基督教與佛教，提出了兩階段的世界觀。一是不完整，且有諸多苦難的現世；二是即將到來的幸福來世。因此從原則來說，現世充滿邪惡與誘惑，在現世中只有徹底保持信仰的信徒，才能按照神佛的計畫受到救贖，得以前往充滿幸福的來世。也就是說，在現世中，有價值的東西就是信仰，其他事物

11 《日本人如何思考性》（原文書名：日本人は性をどう考えてきたか—クローン時代に生かすアジアの思想），市川茂孝，農山漁村文化協會，一九九七年。

全無價值。

雖然，自然哲學認為自然界所表現出創造主的屬性——和諧與善良——擁有探求的價值，但是在宗教道德中，揭示經典的「教誨」卻更重於自然觀察與事實探求。因此，身處現世的人類，最重要的課題就是遵從信仰，或是堅守教義中所揭示的戒律。不過，與自然哲學不同的是，這些教義與戒律是宗教權威為了「人類更好的存在方式」而設定的。因此，就旁人的眼光來看，這些教義與戒律恐怕許多都不合理且無意義。但這也是理所當然的，因為這就與先前所說的一樣，是從別的世界觀來看自然世界而造成的。

我們首先來探討「唯有信仰有價值，其餘皆無價值」這一信念。雖然我並非全盤了解基督教與佛教的教義，但就筆者所知，在聖經或佛經中，不存在禁止人類生殖的記述。不過，兩個宗教皆屬認為現世無價值的厭世宗教，皆視肉體上的情欲、快感為無價值之物，有著否定現世存在的傾向。再者，兩宗教有時也會以情欲、快感會妨礙信仰的理由，而將之禁止。也就是說，兩宗教認定問題的基準，並非是生殖，而是是否會對信仰造成妨礙。因此，不只是與性有關的欲望與快感，只要是有可能減弱信仰的一切欲求與快感，都一同受到了限制。

接著，我們再來針對「人類重要的課題為服從信仰，人類的價值就在於是否能夠遵守戒律」的信念來討論。當然，因為所謂的信仰是內心層面的問題，無法觀察而出；不過，信仰的強度，卻可以透過遵守戒律來表現。於是，遵守宗教權威提出的戒律，就被視為信仰的證明。而生殖欲望若可能會妨礙信仰，其受戒律限制的可能性便隨之提高；假設，即使不受戒律限制，伴隨快感的性行為或性表現，也仍可能會因為宗教群體中的社會壓力而被視為禁忌；又或者反過來說，能夠超然、無動於衷地面對與情欲、快感有關的事物，才能受到宗教群體的讚賞。

再來思考，為什麼有時「宗教的教義與戒律，在旁人看來，都像是不合理且無意義的」。在宗教圈，遵守教義與戒律被視為信仰的證明，因此就算其要求是多麼不合理且無意義，只要它還是教義與戒律，就發揮了絕對規範的功能。舉例來說，不管是基督教還是佛教，都有實踐教義與戒律作為信仰表現的例子，但有些行為可能會為身體帶來負擔、危害健康。此外回顧歷史，也無法否認，有些屠殺行為與戰爭亦是以教義或信仰為理由而發起的。

經過以上的探討，我認為在基督教、佛教等宗教的世界觀中，不論是有意圖地攻擊自身或是他人的身體、精神，都會理所當然地被視為品德不良而受禁止。除此之外，對於教義與戒律的疑義、批判，則會被視為更重大的惡行。有時，人們對自然、真相的探求，可能會揭露出與教義或戒律相衝突的事實，因此該行為會受到打壓，且受宗教權威控制——像是伽利略審判案中的天動說與地動說論爭就是其中一例。

從這個觀點來看，如果明明傳遞了真相，只要違反教義或戒律，就會被視為一種危害。但反過來說，即使是虛偽的說法，只要能讓教義或戒律更為穩固，就會受到褒揚。所謂的宗教藝術，可以說完全建立在此基礎上。因為這個觀點所注重的，就是宗教權力、權威，以及秩序機構的穩定。不僅如此，與某教義相衝突的其他教義（即異教或異端），則是最可能被嚴格禁止、懲罰的對象。畢竟他們都將被視為危及信仰的虛偽邪說。

對於教義的疑義或批判，會經由人們違反戒律的行為而具體呈現，理所當然地，為了維持宗教秩序，破戒行為會被懲罰。因此，在貫徹宗教道德的社會裡，可以說有著除了教義之外，禁止其他所有表述的強烈傾向。換句話說，我們認為那些被世界接納的「奇幻敘事（fantasy）」，其實可能也只是被某個特定宗教所「接納」而已。某些敘事，會因為是自然科學的真相而遭禁止；某些敘事，則會因為是虛構的奇幻故事而被禁止，這即是說，所有敘事都需要經過宗教道德的濾紙過濾，最終只有可以強化宗教道德的敘事能獲得認可。例如：歐洲中世紀的學問以及藝術等，都是很好的例子。實際上，當嚴格遵守教義的宗教權威成為社會領導者時，文學、戲劇、音樂等創作，經常被視為無價值且妨礙信仰的事物，而成為禁止標的。

那麼，從這個角度來看的話，在如今不僅被認為是違法且有害的書寫，就連反教義的書寫、與經書內容不同的書寫，以及會被認為是虛偽的敘事等，全都可能會遭到禁止。例如：二〇〇一年，就有一則新聞提到美國密西根州以「宣揚、讚美巫術」為理由，而禁止了兒童文學《哈利波特》[12]。若從宗教道德的角度來看，便會發現這也不是無法理解的事。

同樣地，在現代生活裡，我們每天享受其中的虛構敘事，在這個立場之下全都會受到禁止——因為對於信仰來說，這些敘事都是無價值且有害的。但反過來說，若是教義認同、獎勵性交與生殖行為，那麼傳遞與之有關的內容，則還有可能受到嘉獎。例如：印度教或密教的教義，也包含重視性的部分。不過，基督教與佛教皆傾向否定且視性交與生殖活動為無價值，因此採告誡世人不應過度沉溺其中的態度。

天主教會視純潔與守貞為美德，並認為人應避免肉欲與好色。保羅在《哥林多前書》中提到「我說男不近女倒好」（7：1）、「但要免淫亂的事，男子當各有自己的妻子；女子也當各有自己的丈夫。」（7：2）、「倘若自己禁止不住，就可以嫁娶。與其欲火攻心，倒不如嫁娶為妙。」（7：9）。從這些內容可以看出，結婚不過是人們在維持純潔上有困難時，他所建議的不得已之手段。古時偉大的神學者奧古斯丁，雖然也同樣認為結婚是美好的，但也表示「兩件事相較之下，無庸置疑地，純潔的貞潔，更重於婚姻的貞節。」[13]此外，佛教的五戒裡，有一條叫做「不淫亂」，關於這條戒律有各式各樣的解釋；其中就有人認為，伴隨追求快感的淫亂理應批判與禁止，但男女的結合，若在實質上伴隨著對彼此的信賴與責任的承擔，也未必需要進行現世法律制度意義上的婚姻。

然而，一旦這些成為了修行者進行宗教活動所需的戒律，性的禁忌就變得極端嚴苛，要求徹底禁欲也是相當常見。而在一旦修行者徹底實踐禁欲的行為被視為對信仰的虔誠，非修行者的人們，也會開始將禁欲視為一種美德，給予褒揚。也就是說，這可以解釋成，會激起性欲的內容，並不是因為直接被視為醜惡而遭

12 參考文獻：http://wired.jp/2001/11/16/（〈現代の魔女狩り？米国で《問題本リスト》に載る〉）

13 參考自奧古斯丁〈婚姻之美好〉，出自《奧古斯丁著作集7：摩尼教駁集論》（日譯アウグスティヌス著作集第7巻マニ教駁論集），岡野昌雄翻譯，教文館，一九九七年。

禁止，是因為理想的規範要求禁欲，才使有關欲望的表述被當作低級、劣等的存在而受排擠。個人認為，這與「上流（decent）」的概念息息相關[14]。

14 日文中的「上流」是來自佛教用語的「上品／下品」。直至江戶時代，此詞彙都只有單純表示等級上下的意思。當然，此時日文的上流與以英文中的decent一詞互譯。

二、人們至今對結婚的看法

宗教與政府對於性方面的想法與處理方式，都會在我們的社會中以一套婚姻制度來具體呈現，並被人們所運用。如同第一章看到的，維護財產繼承秩序的問題，以及與宗教有關的性道德問題，都是與世俗權力與宗教權力重疊的領域，也就是與該社會的結婚制度有關。因此，探討婚姻制度也是至關重要的課題。從此處開始，本書將與各位讀者一同瀏覽婚姻制度的歷史變遷過程。

基督教普及前的婚姻：猶太社會以及羅馬社會的概況

在基督教形式的婚姻型態普及之前，希臘、猶太、羅馬與日耳曼各個民族的婚姻制度，都歸屬於家父長所掌控的家族群體之下。因此所有的家族成員，都需按照家父長的指示進行結婚。至於女性在戀愛或結婚上的意向，究竟受到多大程度的尊重，則不得而知。不過，就官方制度來說，女性成為男性的妻子，與透過契約讓渡財產、家畜、奴隸的行為，其實沒有太大的差別。此外，因為家父長有權決定家族成員的生殺予奪，因此也能任意放逐嫁進來的妻子們。不過，後來羅馬社會中的妻子地位開始上升，到了羅馬共和國時期，無理由的殺妻、殺子，都會被視為犯罪。凱撒的著作《高盧戰記》中，也提到了在日耳曼人的文化中，妻子如果被懷疑與丈夫的死亡有關，將會受到拷問、調查，有時甚至會因為殘暴的拷問方式而死亡。

西元前六世紀，猶太人這種家父長式的統治，對於婚姻的控制已漸趨緩和。不過，「可以放逐妻子」的想法仍根植於人們的思維中，且成為法律的一部份而維持下來。即使是在基督教勢力擴張，普及「兩性合意」與「聖禮締結的不滅羈絆」的想法後，猶太人們仍然可基於法律，由丈夫單方面地解除婚姻關係。

因為猶太教中存有「汙穢」的概念，因此不視性為善；他們認為與性有關的事物，總有種「汙穢」的感覺，且對於月經更是特別反感。《利未記》除了如此談論月經：「女人月經來時，會不淨七天」；「凡是碰觸到她的，在傍晚之前，都不能恢復潔淨」，並提到與經期中女人共寢的人，也會變得不潔（《利未記》15:19-24）。此外，猶太教雖不否認為了繁衍後代的性行為會同時帶來快樂，但因為強烈的汙穢意識，猶太教仍否定沒有繁衍目的的性行為。許多人認為，這種「血液汙穢」的觀念，某部分與日本傳統的觀念相近。例如：日本也曾經有過「小屋」的習俗；過去，日本人會讓處於經期中，或是接近產期的女性另外住在一間小屋子裡，以避免她們將汙穢帶進住家。

在猶太教中，妻子的不貞必定屬於重罪，不過已婚男性與未婚女性的交際，卻不會受到定罪。這種將女性視為一種「誘惑」，並從本質上將其認定為深重罪孽的觀念，也延續至後來的基督教中。當然，婚外的性關係更是普遍受到禁止。

在羅馬共和國以前的羅馬社會中，婚姻是種需要儀式的契約。有一種婚姻，叫做「夫權婚姻（manus）」，它的型態是基於傳統的讓渡儀式，將女兒交予其丈夫；這種婚姻形式使得丈夫對妻子具有家父長的權力。而像結婚等等重大典禮，自然也伴隨著宗教儀式，或是家人、友人們參與的祝福宴會。

不過，到了羅馬共和國時期，羅馬人的婚姻觀念產生了巨大變化。此時正當的婚姻關係，只在擁有「成為夫妻的意志」的兩人開始同居時才會成立。這種婚姻型態，稱為「自由婚姻（sine manu）」。不過，若是自由婚姻持續了一年以上，丈夫對妻子將基於「時效取得（usucapio）」而產生夫權，以及擁有稱為「同居婚姻（usus）」的權力關係；因此，如果想延續自由婚姻的狀態，丈夫們就必須在一年之中，在外居住三天，以中斷其「使用權（usus）」。

視延續家系為第一優先的羅馬社會裡，人們認為丈夫必須與不能生育的妻子斷絕關係。在這種環境下，基督教透過提倡結婚是神明決定的結合，以及宣揚婚姻的關鍵要素是男女兩性之間的合意，而逐漸受到奴隸階層、貧困階層以及女性們的支持。特別是面對會使女性的處境變得不穩定的離婚、放逐等議題，基督教也都採取相當嚴正的態度。

雖然在羅馬的傳統中，丈夫可以隨時與妻子離婚[15]，不過以基督教的規則來說，只有在配偶死亡，或是妻子與他人通姦時，才會認同兩人離婚。耶穌將通姦視為離婚的唯一理由[16]，不外乎就是重視女性貞潔，並以視通姦為極重之罪的想法為基礎。在羅馬社會中，通姦現象是普遍的社會現實，因此基督教給予女性的保護，就成了無法置之不理的要素[17]。

諸如此類，基督教對婚姻所採取的態度，在影響範圍還相當小的時候，尚未對羅馬社會的基礎（財產繼承）造成障礙；然而，在基督教逐漸受到上層階級接

---

15 《古羅馬人的愛與性》，第一四〇頁以下之內容：「對於羅馬人來說，離婚不過是直接反映了他們自身的結婚觀念。既然結婚是基於兩人希望以夫妻的名分持續，且實質維繫男女關係的意思，那麼只要在配偶者任一方中，或雙方不再有那個意思，那麼婚姻關係即消滅。」

16 《馬太福音》（19:9）：「告訴你們，凡休妻另娶的，若不是淫亂的緣故，就是犯姦淫了；有人娶那被休的婦人，也是犯姦淫了。」也就是說，解除婚姻關係的唯一理由，只有在夫婦中的任一方犯姦淫時而已。

17 參考《彼得前書》（3:7）：「你們作丈夫的，也要按情理和妻子同住；因他比你軟弱，與你一同承受生命之恩，所以要敬重他。這樣，便叫你們的禱告沒有阻礙。」以及《歌羅西書》（3:18-19）：「你們作妻子的，當順服自己的丈夫，這在主裡面是相宜的；你們作丈夫的，要愛你們的妻子，不可苦待他們。」

納之後，便使財產繼承產生了混亂的情況。而這也就是羅馬社會之所以會掃蕩基督教的原因之一。

在受到迫害的過程中，具有承受迫害的抵抗力，便成了基督徒的必備條件。而為了強化自身心性的強健，讓自己成為有能力抵抗現世誘惑的教徒，禁欲，就逐漸成為了主要的方法。《哥林多前書》中提到的「保持純潔，不結婚更好」，也成為了基督徒的依據[18]，於是，將性方面的純潔，視為有其價值的思考方式也逐漸普及。

基督教普及後——產生「性即罪」的觀念

基督教於「視性為汙穢」的猶太教式觀念，結合了希臘式精神主義的「愛」的概念後，相較於在那之前的社會婚姻型態，產生了重大的變化。

自西元一世紀開始，雖然基督教會在信徒結婚之際給予祝福，但是制度性的結婚，則仍是遵照羅馬的傳統。到了四世紀，羅馬帝國認定基督教為國教後，教會的影響力提升，雖然婚禮仍照既有的法律程序進行，但是人們在婚禮結束之後，也逐漸會接著到教會參加彌撒了。

到了十世紀左右時，基督教為控制教會與信徒所制定的〈教會法〉（canon law）[19]逐漸發展，結婚因而更加受到了重視，使傳統的結婚手續，變成了由神父

---

18 參考《哥林多前書》（7:1,7:8,7:32-40）：「論到你們信上所提的事，我說男不近女倒好。我對著沒有嫁娶者和寡婦說，若他們常像我就好。」、「我願你們無所掛慮。沒有娶妻的，是為主的事掛慮，想怎樣叫主喜悅；娶了妻的，是為世上的事掛慮，想怎樣叫妻子喜悅，這兩種心情是有所區分的。婦人和處女也有分別。沒有出嫁的，是為主的事掛慮，要身體、靈魂都聖潔；已經出嫁的，是為世上的事掛慮，想怎樣叫丈夫喜悅。我說這話是為你們的益處，不是要牢籠你們，乃是要叫你們行合宜的事，得以殷勤服事主，沒有分心的事。」、「若有人以為自己待他的女兒不合宜，女兒也過了年歲，事又當行，他就可隨意辦理，不算有罪，叫二人成親就是了。倘若人心裡堅定，沒有不得已的事，並且由得自己作主，心裡又決定了留下女兒不出嫁，如此行也好。這樣看來，叫自己的女兒出嫁是好，不叫他出嫁更是好。丈夫活著的時候，妻子是被約束的；丈夫若死了，妻子就可以自由，隨意再嫁，只是要嫁在主裡面的人。然而按我的意見，若常守節更有福氣。我也想自己是被神的靈感動了。」

19 所謂的《教會法》，廣義上來說包含國家所規定的基督教會相關法律，以及基督教會所規定的法律；狹義上來說，則是指基督教會為了統治教會與信徒而創立的法律。其核心為天主教會鎖定的教會法，具有

羅希爾・范德魏登之畫作《七聖禮》（Seven Sacraments Altarpiece）。

在教會前主持，接著再進入教會中接受彌撒的形式。

《格拉提安教令集》於一一四〇年左右問世後，婚姻關係便被認為是一種聖禮，而結婚本身，也成為了宗教的禮數。所謂的聖禮，指的就是「可見的形式」與「神明恩典」的結合。因為在神明面前許下了結婚的誓言，夫妻彼此都要對神明負起責任。婚姻關係成了嚴謹的一夫一妻制、離婚不被接受，而且對彼此的忠貞也成為一種義務。於是，結合神明為其中要素的夫妻關係，就成了不可抹滅的密切結合。如果認為結婚只是為了生殖或是延續血統等等現世目的，那麼結婚這件事便不具價值。因此，婚姻成為超越現世利益的結合，並定位為真正的、男女結合的聖禮，也就此成了人們心中的重要價值觀。

到了十二世紀，在四度舉行的拉特朗公會議中，教會為了緊密結合信徒與教會的關係，試圖確立人生重大場合都得執行儀式的做法；也就是說，幼兒期的「洗禮」、彌撒時舉行的「聖餐」、青年期至壯年期做的「堅信禮」與「婚禮」、生病時的「膏油禮」，以及每年一次及去世時的「懺悔禮」，都是作為儀式化的聖禮。

與國家法律相等的法律體系。以上參考José Llompart《什麼是教會法》（原文書名：教会法とは何だろうか），成文堂，一九九七年。本書系統化地整理出將教會法，除了作為經營基督教會的法源，在其他非天主教的各教會中，也擁有可作為參考的權威性。

二十世紀初，《教會法大全》更在部分地區中，擁有法律的強制力與效力。以上參考米歇爾・傅柯《性意識史I：求知的意志》，渡邊守章翻譯，新潮社，一九八六年，第四十八頁以後。

雖說如此，但是在之前經拉特朗公會議所決議的內容中，幾乎找不到直接規定一般信徒行為的部分；與結婚、性有關的內容，也同樣主要是對低階神職者相關行為的禁止與訓誡。從這跡象來看，可以說第四次拉特朗公會議規定一般信徒也有告解的義務，這具有極大意義。之所以這麼說，是因為受到教皇嚴格要求必須維持禁欲與純潔信仰生活的低階神職者們，某方面而言也提升了能夠去評價、監督一般信徒在日常生活中所犯罪行的權限。在這樣的狀況中，可以推測低階神職者在面對一般信徒的性生活或戀愛時，可能會出現採取過度嚴格措施的心態。

因為告解成了信徒的義務，一般信徒與教會產生持續性的關係，教會規範也逐漸能套用在普通人身上，來強化教會組織結構。於是，世間更加要求一般信徒間的一夫一妻制與純潔、忠貞的觀念，原本屬於世俗範疇的男女結合、生殖行為的相關事項，也就逐漸歸為教會掌管的其中一部分。不必多說，教會擁有支配權的管理事項會逐漸擴增，本身也與教會的經濟利益有強烈的關係。

於是，基督教式的婚姻，就被人們稱為「教會法上的婚姻」。與羅馬共和國時期所實施的羅馬法律一樣，教會法上的婚姻，需要當事者同意結婚才使得成立。不過，與羅馬法律不同的是，教會法上的婚姻，形成的是一種「終點式」的婚姻。也就是說，就算在結婚後，當事者失去了持續婚姻關係的意願，仍無法註銷婚姻關係。

此種教會法上的婚姻觀念，就類似於以下這段聖經中的敘述：「創物者起初造人，是造男造女。並且說：『人要離開父母，與妻子連合，二人成為一體。』既然如此，夫妻不再是兩個人，乃是一體的了。所以，神配合的，人不可分開。」（《馬太福音》19:4-6、《馬可福音》10:6-9）。從這裡可以看出，提倡男女是「藉由婚姻合為一體，成為完整的人」的性別二元主義與一夫一妻主義，都是從此時開始進入人類社會的。即使是教會法上的婚姻，也同樣認為需要有肉體的結合，才能造就完整的婚姻。不過，這項規定的根據，並不存在於聖經之中，因此這可能是保留並結合了羅馬傳統的元素，而非來自基督教的價值觀。

至於教會法上的具體結婚手續，則大體如下：當年輕人與其家人都同意婚事時，便會舉行婚禮。結婚戒指共準備兩枚，供新人在婚禮上互相交換；但這行為並非只是單純的互換戒指，而是具有法律效力的儀式，作為婚禮見證人的教會，會依據典禮章法，向世人公開兩人的婚約。兩位有婚約的新人，會與雙親、友人一同前往教會，並遵從主任牧師舉行的典禮，於教會入口的門前對婚約立誓。接著，當結婚訊息公開經過四十天，他們就會在該教會入口的門前舉辦結婚典禮，然後再進到教會中舉行彌撒。

這些都是在一二一五年的第四次拉特朗公會議中決定並發布的規定。也就是說，在教會大門前接受牧師祝福的習俗，是一種宗教性的義務。不過，即使違反這項公告，也只會遭到來自教會的懲戒或處罰，婚姻並不會因此失去法律上的效力。於是，婚姻便成為了無法抹滅的關係。即使是現在，這些事情也仍存在於羅馬天主教會的法規中。

基督教雖然強調結婚的精神層面，但同時也將人與人之間的戀愛關係視為問題。畢竟人會因為陷入瘋狂的戀愛，而努力為同樣身為人類的戀愛對象付出、奉獻，而忽略了要去愛神、侍奉神的本分。後來，這種將人對神的愛戴、付出、奉獻行為定位為最大價值的想法，又因為基督教教義與聖母瑪莉亞處女懷胎的事蹟結合，更加地極端化與純粹化。由於瑪莉亞並未經過「有罪的」性行為就懷了神之子——耶穌，因此瑪莉亞與耶穌才獲得了過人的、特權般的地位，任誰都無法撼動；反過來說，這也能被視為處女懷胎的宗教事蹟，在現實層面上所呈現的意義。至此，原先猶太教將性視為「汙穢」的價值觀，到了基督教，進一步地成了罪惡。於是，對於將結婚視為聖禮，同時又將性行為視為罪惡的基督教來說，與配偶之間的性行為，便被認為是種必要之惡；而真正無法饒恕的大罪，則轉變成與配偶以外之人發生的性行為。

這種看法的解釋，大致如下所示：為了準備迎接神之國度的到來，人們最好是不要結婚；但如果不結婚，則可能會有很多人犯下更多過錯。所以，為了避免淫亂的行為，才得出了「受神認同的性行為，應該在教會的監督下進行」的結論。不過，即使是配偶間的性行為，快感仍是一種罪，因此基督教認為在性行為中，都應盡可能不去意識到快感，而是求完結性行為這件事。於是，在基督教教義被如此理解、制度化的過程中，人們便產生了將「性」的本質視為「罪」的觀念。

於是，在「世人皆為罪人」的恐懼下，保有純潔的神職者們得以行使權力的架構便也跟著出現。不過，大部分的歷史學家一致認為，即使是有神職人員維持純潔的教會、修道院，其中的秩序卻也經常產生混亂[20]。不得不說，打從一開始，「純潔」對許多人來說，本來就是不可能達成的境界。

規範走入世俗——為教化市民的性規範

至此，我們看到了基督教道德在純粹化與深化的過程中，人們對於性的本質產生了罪惡的觀感。也了解到這個過程脫離不了與教會權力結合的關係。那麼，這樣的宗教權力與世俗權力兩者之間，又呈現什麼樣的狀態？在中世紀的歐洲，教會與世俗權力在秩序上的關係，大致就如以下所示：「統治世界的是神；教宗是代理神來統治世間的人；教會則是在世間唯一正統的統治權力。不過，神職人員不允許流血與體液，所以缺乏世間以武力統治的能力。因此，凡是擁戴教會的世間掌權者，教會將為其加冕為皇，並賦予他守護教會的義務，以及委任世間萬事的統治權。」

這樣的思考基礎，造就教會運用的《教會法》，負責管轄信仰、道德、家族關係、結婚、出生、死亡與遺產等；《普通法》則負責管轄以社會群體的傳統或習俗為基礎所衍生的財產關係；《皇家特權法》則管轄國防、治安，以及《教會法》與《普通法》沒有管轄到的事項。由於這樣的背景，因此有關「性」的事項，就歸屬於宗教的範疇。此外，因為教會視異端、褻瀆神祇為最大的罪行，所以違反教會所規定的性規範的言行舉止，就會被以異端、褻瀆神祇來看待而成為處罰對象。

---

20 公會議的決議內容中，包括了大量對神職人員的戒律與處罰規定，例如：貪婪、高利貸、酗酒造成的爛醉、包圍女性以及同性戀等。不過既然有必要訂立這些禁止事項，當然就代表這些現象是四處可見的。

朱塞佩・摩爾泰尼《自白》（La confessione）。

法國哲學家米歇爾・傅柯在《性意識史》一書中，也提到了這方面的事情。傅柯認為，自十三世紀起，於各個天主教國家成為一套制度的「告解」行為（且在十七世紀人人勵行），讓人們在自白時，察覺性的樣態，或將它化作言語，因此反而增生了人們各種關於性的欲望。不過，人們察覺到性欲，也會被視為信仰上的罪惡，而非單純的個人意念。也就是說，這種性欲成為宗教試圖將管理範圍延伸到個人內在的機會。最終，性欲被定位為給予社會負面影響的社會罪惡或社會疾病。到了十九世紀，經過醫學、精神分析學以及法學等學術理論化過程，性欲更被以一種制度化的方式，成了可以加以告發、實行管理，以及施加治療的對象。從此，國家管制個人性欲的正當性逐漸成形，性欲也成為公權力介入個人私領域的理由之一[21]。

另一方面，從一般「限制表現」的角度來看，與出版相關的規定屬於社會問題，所以應該歸國王管轄。正因如此，有關對當時政權的批判，就會成為最激烈的取締對象。直到十九世紀為止，人們為了隱藏實為批判政權的文書，甚至還曾經將其偽裝成性文書。直到十九世紀半，世俗各方權力還未將「性表現」當作重大問題看待。換句話說，就是當時可以聽到有人講「我認為批判政權是不對的！」卻不會聽到有人說「我認為色情是不對的！」後來，隨著與性表現相關的技巧逐漸發展，有意掌控「性」的教會也開始介入性表現的限制，但當時的限制，更重視「牽涉到異端、褻瀆神祇的表述」。也就是說，最重要的還是「我認為褻瀆神明是不對的！」

21　參考文獻：《性意識史I：求知的意志》，第二章、第三章。

前面雖然提到結婚在十二世紀以後，就成了教會的管轄範圍，不過，在那之後的幾個世紀，經過宗教改革與世俗化的風波後，結婚又再次變回了世俗間的事物。此處，就讓我們來看看英國與美國對於結婚的態度。

經過十六世紀的宗教改革後，新教國家逐漸將結婚以民事契約看待。例如：在一六五三年，共和時期的英格蘭所頒布的民事婚姻條例中，就認定「男女只需要在法官面前發誓，兩人的婚姻就於法有效」。後來，經過了各種制度的修正，到了一七五三年的婚姻修正法後，結婚手續變得與天主教的形式相同，需要事先公告，以及進行英格蘭國教會制定的儀式後，婚姻才會有效。不過，再經過一八三六年實施的婚姻法後，結婚只要向登記官登記——即便對方不是神職人員——就能成立。即要結婚的男女只要繳交填寫好特定事項的通知書，並在登記官面前向女方表示「我要娶妳為妻」，結婚就於法有效。不過，根據一九四九年的婚姻法，若想要在英格蘭國教會舉辦婚禮，仍然「必須事前公開結婚的預告」，可見傳統的規定仍留傳了下來。

另一方面，殖民時代的美國，一般的結婚形式都屬於事實婚——即只需兩當事人的合意就能成立的無儀式婚，也稱作普通婚（Common-law marriage）。當時，人們生活在荒野之中，人口不是分布稀疏，就是以小群體的方式生活，正式的神職人員也是寥寥無幾，因此在這樣的狀況下，才會形成此種婚姻形式，也是相當理所當然的發展。一七五三年，英格蘭禁止了普通婚，不過身為英格蘭殖民地的美國，卻沒同時套用這項規定。自美國於一七七六年獨立以來，普遍以民事契約辦理結婚，現今美國各個州幾乎都制定了類似的法令。一般來說，在美國，只要遵守婚禮舉辦地所屬的州法律，即使該法律與居住地不同，結婚仍屬有效。

歐洲也是婚姻世俗化的地方。因為法國大革命促成了歐洲「民事婚」的形成，一七九一年的革命憲法中，就有條宣言寫明「法律僅承認結婚為民事契約」。有效的結婚，必須是在非神職人員的市長或村長面前執行儀式才算數，且人們進行民事婚，也提升到義務層級。而民事婚的義務，更從法國一步步傳遞至歐洲各國。

此外，歐洲在十八世紀至十九世紀時，正處於理性主義與啟蒙主義的時代。對於支配性的規範來說，不合理的、自然的肉體，與理性的精神是處於對立狀態的概念。因此，該規範追求透過精神來克服並支配肉體。而這樣的精神，又銜接上了「女性較為接近自然，其肉體亦然；男性則較為理性且重視精神層面」的價值觀，造成了理性優勢——也就是形成男性優勢的社會。於是，人人開始認為女性會透過肉體與性的魅力誘惑男性，妨礙男性的理性思維[22]；因此，社會制度便開始試圖透過理性的方式，也就是法律或規範來管理女性。

伴隨現代世俗化的發展，原先源自宗教的結婚規範與性規範的合理性，便產生動搖，而崇尚自然哲學的思維且認為其具合理性的立場則被喚醒。然而，過去因為社會制度憑藉著宗教道德的力量才逐漸成形，因此已在社會制度的核心部分地產生效用，至此，也就是「神」的地位，被「理性」取代。這表示「神性」所具有的絕對性與超然性，都能以「理性」的絕對性與超然性來重現。在這環境下，人們會認為國家、法律就是理性的體現，因此古代自然哲學中「自然的性的理想狀態」，就無法在法律架構中有一絲介入的餘地。

這種從「神性」到「理性」的轉變，也能從本書下一章即將談到的英格蘭審判紀錄中，審判管轄權的轉變中看見。直至當時，與性或性表現相關的問題都屬於宗教裁判所管轄，不過，到了十九世紀中葉，這些問題的管轄權就轉移到了世俗法院上。這說明了人們開始認為，違反了性或性表現相關法規，並不代表對神的褻瀆或對宗教秩序的攻擊，而是意味著對社會秩序、社會道德的攻擊。

的確，本書在前面曾經提過，傅柯認為管理因為「告解」引起的性欲，成為了「宗教試圖將管理範圍延伸到個人內在的機會」，不過此處的重點在於，這次世俗權力將取而代之，真正開始了「管理個人的內在」。於是，性規範轉變為再也不是為了牽涉財產繼承問題的階級而存在，也不是為了守護宗教戒律而存在——而是為了保護民眾道德與社會秩序。也就是說，人類社會將正式走向「我認為色情是不對的！」的時代。

---

22 於十九世紀經常被作為藝術主題的「致命女郎（femme fatale）」，就表明了這種典型的價值觀。

三、第二章總結

此處，我們先整理一下本書至第二章為止的討論內容。若我們放下成見，坦誠地看待性活動與性表現的話，便會感覺到很難明確斷定它們是有害的內容。因為性活動是產生新生命的方法，而且性活動會伴隨興奮、亢奮與快感等精神作用，因此強烈引起了人們對性活動的規範意識。於是，性活動或性表現，成為了哲學或宗教所關注的對象，且人們也接受了這種主張。

除此之外，若站在主張更為「理想的狀態」的宗教價值觀，也就是主張按照理性的生存方式，或是信仰來過生活的價值觀來看，人們認為因為性會引起人們的興趣，可能對「理想狀態」來說，將是強大的妨礙因素。因此，將性從生活裡、意識中排除，就會成為該價值觀的目標。於是，在認為人們應該對性敬而遠之的價值觀中，禁慾就成為一種體現自我價值的目標，也進一步提升了禁慾行為本身的價值。然而，假以時日，禁欲卻從原先作為理性或信仰的標誌，成為人們的主要目的（即「活動陷阱（activity trap）」，是指原先用來達成目標的「手段」，後來在不知不覺中成為了「目的」）。

而在社會面運作，後來更被整飭為制度一環的性關係，就是婚姻。原先，比起婚姻單純是男女戀愛的結果，不如說是用來明確表示以社會面、制度面而言，「家（familia）」、「家的財產關係」，或是「家」內部的財產繼承關係的架構。不過，宗教的規範後來慢慢進入了這個架構中，而這個變化，則包含了宗教團體意圖控制信徒的社會關係、財產關係的目的。

整個中世紀裡，人們認為按照宗教團體的規範來經營性關係與婚姻，才是「理想狀態」，而這個目標，也屬於教會的管理項目。於是，宗教團體將「性規範」作為踏腳石，成功將控制領域擴大到個人的精神層面，甚至是財產關係上。接著，在此操縱關係持續了幾世紀的過程中，更成為社會的「常識（common sense）」，最終更以該常識為一基礎，昇華為普通法（common law）。於是在不

知不覺間，原先忌諱性事的哲學信念，或可說是宗教信仰，便發展成透過法律制度與社會體制，去強迫人們遵守相關規範的結果

第三章

近代史篇——市民社會與道德

一、性表現規範——在近代英國的發展

接下來，我們來看看英國與美國對於「性」與「性表現」的態度變化。為何會是英國與美國呢？如同我在序言中提過的，與我專攻英美法有關；但性規範的誕生，是一段與性表現規範有密切關聯的過程，因此要探究它，無可避免地必須從近代市場經濟快速（還有出版市場）擴大、世俗化（Secularization）的英國社會著手。至於美國社會對於性表現的規範，則是參考英國移民社會所累積的各式判例為基礎所訂定而成。因此，接下來所討論與性表現規範有關的內容，可以說是下一章正式進入法律條文探討的基礎。

「猥褻」表現規範在英國的起始

藉由法律來禁止性表現是較新的思維。在十九世紀以前的英格蘭，只要是沒有批判宗教或政治的內容，單是性方面的文書本身並不會受罰。如同前一章提到的，截至目前為止所探討的性規範確立後，當遇到需取締擾的、亂社會秩序的表述內容時，也是以批判政治或宗教方面的褻瀆文章與文件為主要對象，且在十八世紀的社會中，色情文學大量流通也是普遍的現象。舉例來說，英國的歷史學者勞倫斯・史東就在其著書《英國十六至十八世紀的家庭、性與婚姻》[1]中，描述了當時的狀況：

> 在英國大規模生產文學、繪畫色情作品的情況，僅能見於十八世紀（中略）這點亦有其意義深遠之處。一六六〇年代，塞謬爾・皮普斯（Samuel Pepys）想要閱讀色情書籍時，他只能買下名為《女校》（*L'École des filles*）

的法文作品來看。他心想，這本書「雖然是淫穢書籍，但若只是當作參考來看的話，應該無妨。」但是，這卻在後來成了他的小麻煩。會這麼說，是因為皮普斯在閱讀這本書的時候，不僅產生了勃起，最後還射精了的關係。在那之後，他或許是不想被妻子發現，索性燒了這本書。有很長的一段期間，法國都擔任著此類讀物的供給來源。即使到了一七五三年，都還能聽到「法國幾乎每天都送來堆積如山的淫穢書籍。」等不滿的聲音。（同前書，第四四八頁）

英格蘭在一八五七年首次透過成文法禁止「猥褻的性表現」。請注意這一個年份，因為這與一八六八年的明治維新只相差約莫十年。大概是從這個時期開

---

1 《英國十六至十八世紀的家庭、性與婚姻》，（*The Family, Sex and Marriage IN England 1500-1800*，日譯家族・性・結婚の社会史—1500年—1800年のイギリス），Lawrence Stone，北本正章翻譯，勁草書房，一九九一年。

始，以往被視為傷害宗教秩序的性表現，就已開始被看成是對社會道德秩序的傷害了。如前所述，這樣的一個轉變，意味著過去以宗教或階級上的理由制定而成的性規範，在經過普遍化、世俗化的過程後，昇華成市民社會應遵守之規範的法律制度。

該《猥褻出版品法案》（Obscene Publications Act）將販賣猥褻物視為成文法上的犯罪，並賦予法院沒收與銷毀違法物品的權限，此法源自喬治三世於一七八七年為了遏抑各種惡行所下的王令。雖然在其之後，一八二四年制定的《流浪法》（Vagrancy Act）中，規定禁止以販賣猥褻書籍與印刷品為目的所進行的展示，但出版的部分卻仍無明確的禁止規定。

請注意，一八二四年的法律，是以取締流浪者為目的的法律。此處完全符合先前提到的「猥褻」（obscenity）一詞概念的變遷——「猥褻」的原意是「平民日常生活中的邋遢模樣」。雖然「庶民」一詞過去是指社會上層階級規範中所稱，自由社會的下層階級者，但此處則指不遵守市民道德行為的流浪者。此一法律的規定，主要是用來取締擾亂社會秩序的流浪者去消費「淫穢的書籍與印刷物」，而承接此後所制定的，便是一八五七年的《猥褻出版品法案》。

此法律於立法之時，雖然制定為「僅適用於動搖公共倫理觀，或意圖破壞青年倫理觀之出版品」，但由於在條文中並無針對「猥褻」作出相關定義，而是以具體事件的審理判例來顯明定義，這使得本書在後面將介紹到的希克林案中的「猥褻」定義範圍變得相當廣泛，最終使法律可適用、實施的範圍，也變得比原先的立法意圖更廣了許多。

再次重申，在英美法的世界中，直至十九世紀中期（一八六八年）為止，性表現規範在普通法（由判例形成，普遍適用於市民的法律總體）上幾乎不被當成問題看待，理由是，伴隨刑事罰則的審查制度將檢束對王權與宗教權威之誹謗中傷，視其為主要的問題，且與性有關的事項亦屬教會法的管轄範疇。因此，若對王權與宗教權威的誹謗中傷，是有關性方面之放蕩、暴露和譴責者，就有可能成為取締的對象。比如，描寫王侯貴族與宗教權威的性墮落，會為一般市民帶來不好的印象，如此就構成了對權威的中傷；也就是說，「性」會被人們當作一種社會批判的便利途徑。此處再引勞倫斯．史東之著書內容所述：

> 這類手稿本的詩歌，以人手一冊的速度迅速地傳開，作品中直截了當地諷刺政治的意味也愈來愈強烈。且無論是哪種類型，裡頭主要的惡人都是國王；若是淫穢的詩歌，則會被描寫成無限上綱的肉欲橫流、淫亂放蕩的指導者。在這時期中，常能發現政治的反對立場是與具色情的、諷刺性的反宮廷風格，兩相結合而成的產物。（《英國十六至十八世紀的家庭、性與婚姻》，第四百五十頁）

就具體的例子來說，一七〇八年的里德事件，事件關係人里德（James Read）執筆《處女的十五個傳染病》（*The Fifteen Plagues of a Maidenhead*）一書，因創作淫穢書籍罪嫌而遭到起訴，在其相關判決中可以見到，其中對性的描寫之違法，是由宗教裁判所判斷；而在普通法上，也明確地否定其應作為一種犯罪來處罰。但是，自十八世紀至十九世紀，性表現規範再也不是宗教上的問題，而是人們社會生活中的秩序問題。一般認為，這是因為一直以來支配人們日常生活規範的宗教威權逐漸轉弱，導致那些規範逐漸被認為是世俗秩序問題的緣故（即世俗化的演進）。

成為最初轉捩點的，是一七二七年的卡爾事件。在這起事件中，出版《將僧院的火腿腸與燻肉綁在身上的修道女》、《鞭打的技法》兩本色情作品的出版商被判有罪。而在定罪的理由上，法官表示：「宗教為普通法（Common Law）的一部分。據此，悖逆宗教之行為，皆為違反普通法之行為」。

因為此一判決，色情作品的出版與販賣，不再是教會法視為有罪的「褻瀆神明」，而是屬於另一獨立的犯罪類型。請注意，此處法官宣讀的是「宗教為普通法的一部分」。在這之前，宗教皆凌駕於普通法之上，或屬於法律以外的秩序；但在此處，宗教開始被人理解為世俗秩序（普通法）的一部分。話雖如此，在英格蘭本土，具體上是否是因為卡爾事件的發生才帶來如此轉變，仍不明確。如方才所述，十八世紀時，可以看到英格蘭大量生產色情版畫，以及其範圍廣泛分布的情形；而在一七四〇年代，於會客室裝飾色情版畫甚至還成了一種流行[2]。

十八世紀末英格蘭畫家托馬斯・羅蘭森（Thomas Rowlandson）的版畫。

然而，由於一八〇二年設立的「惡行抑制協會」（Society for the Suppression of Vice）積極制約活動，使十九世紀初期的十幾年間，因出版與販賣色情作品而被定罪的案例也增加許多。惡行抑制協會是一個基督教派系保守團體，為了守護青少年「理想的」基督教思想，並以遏制無神論、褻瀆神明之言論及出版物為目的而設立。他們致力於遏阻經由報刊雜誌或照片、郵件等當時由新興媒介而擴散的不道德內容。惡行抑制協會雖然是基督教派系的團體，但它與過往的教會權力相異，屬於市民團體，這點相當重要。因為這說明了此時社會的宗教道德，正在逐漸轉變為人民道德。

於是，在十八世紀初，原先在世俗社會中並不構成問題的題材（性相關題材），來到十九世紀初期，便漸漸地被視為「犯罪」。此現象的背後，有我們之前所說的宗教規範世俗化的問題，也有因為印刷媒體隨著產業急速發展而蓬勃崛起，導致人們對該物的消費者（即流浪者或下層勞動者），所造成的秩序混亂感到不安等，各方面互相交雜的問題。在這裡，我們也可以看到第一章所提到的與「猥褻」、「上流／下流」等概念相關的政治角力，正以不同的型態交互作用。

2　參考《英國十六至十八世紀的家庭、性與婚姻》，第四五二頁。

維多利亞時代的道德教育——「上流」背後的倒錯

那麼，在性表現被人視為「犯罪」的時代，社會呈現的是何種氣氛呢？在維多利亞時代，中上階級的人們被要求在舉手投足與各種行為中，必須宛如根本不存在「性」的要素；人們被灌輸一種觀念，認為對於性擁有強烈興趣，是一種精神疾病，而性方面的行為，則是頭腦或身體存在殘疾所致。因此人們認為要特別保護女性和兒童，不應讓他們接觸性方面的事物。舉例來說，眾人普遍希望正常女性對性要表現得淡然，猶如孩童般天真無邪，對性行為產生快感的女性，會被當成患有性欲亢進的疾病。若以當代的標準來看，多數健全的女性，都會對自己關注性方面的事物或因其引起快感而感到罪惡，而這也是該時代的人們會罹患歇斯底里症與精神疾病的原因[3]。

在安珂．貝爾瑙（Anke Bernau）《處女的文化史》[4]一書中，就有詳盡敘述關於女性對「性」的否定與過度強調純潔的情況。先前本書曾說明，雖然生殖與快感有所關聯，但是，猶太教與基督教卻對「快感」格外否定。在那些宗教中，作為背負生育責任的女性，反會被視為身體帶有汙穢之物的個體。因此，否認（不知道）快感的女性（處女），會受到眾人的稱揚，而該書也仔細闡述在宗教、社會壓力下，處女的價值逐漸膨脹的過程。我認為這樣的狀況對於女性而言，很難說是件好事。雖然，維多利亞時代過去曾被人認為是「上流」兩字的表徵，如今卻每每被人們指出，它實際上是性方面的惡行在背地裡蔓延開來的時代[5]。舉例來說，即使是在繪畫領域中，也可找到表面看似高尚，其背後卻蘊含

3 關於該時代的一般狀況，可參考度會好一的著作《維多利亞時代的性與結婚》（原文書名：ヴィクトリア朝の性と結婚—性をめぐる26の神話，中公新書，一九九七年）。至於它的反論證，也就是認為這狀態反而會造成各種性嗜好出現的說法，則可參考米歇爾．傅柯的《性意識史Ⅰ：求知的意志》（渡邊守章翻譯，新潮社，一九八六年）第一、二章。此外，在女性身體逐漸成為社會制度的一部分，而造成歇斯底里症出現的狀況，則亦可參考該書的第四章。

4 《處女的文化史》（*Virgins: A Cultural History*，日譯処女の文化史），Anke Bernau，夏木幸子翻譯，新潮選書，二〇〇八年。

5 在小林章夫的《色情的大英帝國》（原文書名：エロティックな大英帝国，平凡社新書，二〇一〇年）

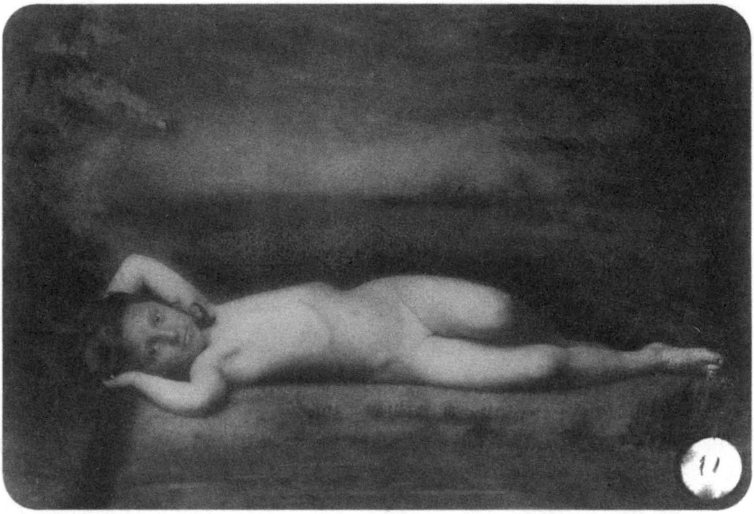

維多利亞時代的作家路易斯・卡羅（Lewis Carroll）拍攝的孩童裸體照片（一八七九年）

著關注性方面事物的欺瞞手法。

該時代的藝術展中，有著多數描繪女性裸體的作品。儘管其中也有煽情作品，作者卻不可思議地透過遵從「不畫陰毛」的規範，來規避畫作成為具色情意涵的作品。其原因或許是因為沒有陰毛的身體，會被歸類在性方面尚未成熟的「孩童」之身，是尚未擁有性成熟之無邪身軀，所以並不猥褻；反之，有陰毛的身體則顯示其已擁有性成熟的特徵，而這樣的「成熟」（adult），則會讓人引發猥褻的聯想。若在現代，這種可能會被視為「兒童色情物」而引起軒然大波的案件，當時人們反倒認為「因為是兒童的身體，所以沒有問題」。不過，這點在日本也是一樣，直到一九八〇年代初期為止，人們對於兒童的裸體也不會產生猥褻的感覺。

在各式各樣的文獻中，多有「維多利亞時代，富裕家庭的幼童不論男女皆穿女裝」的內容。但我認為實際的情形，應該不是讓男女幼童身穿女裝，而是讓女性穿上幼童的衣服才對。也就是說，女性與幼童被併為一談，唯有男性才是「成人」。這點從政治面來看也是一樣，雖然選舉法歷經維多利亞時代而有所修正，使男性的選舉權範圍擴大，但女性卻仍然沒有參政權——這也意味著只有「男

中，介紹了維多利亞時代的紳士們，在一本正經的表面下的淫蕩面。此外，書中也提到了倫敦的下層階級、娼妓的悲慘狀況，同時也指出了根據階級的不同，性生活也有相當大的差異。只能透過賣身來賺取金錢的下層階級，他們的外表及生活習慣，都很容易被人稱作是「猥褻的」；也就是說，在當時的猥褻概念中，問題可能不在於性，而是下層階級的風俗問題。

性」是成人。但反過來說，維多利亞時代的男性，難道不是抱持著顛倒錯置的欲望，愛戀著裝扮成幼兒的成人女性嗎？也就是說，在強調推崇「性表現規範」的維多利亞時代，其高尚的背後，卻存在著無數的「變態」。而這些環繞著女性與孩童的政治權力，在接下來我們將要介紹的美國性表現規範的問題上，也占有極為重要的地位。

二、性表現規範——在美國的發展

在美國的情形——早期移民的宗教純粹主義與道德

目前人們認為，想要知曉美國殖民開拓時代實際的社會性風俗民情，幾乎是不可能的事。因為在當時的社會裡，不會有人認為這種事應該要有官方記錄。而這也是因為在宗教群體中，不得存在與神的教誨背道而馳的想法或行為所致。

被母國流放，遷渡至美國大陸的早期移民，是一群尊崇原教旨主義的清教徒，他們因為批判英國國教的教義並不夠徹底而受到迫害。他們遭祖國放逐，抱著放手一搏的決心橫渡大西方，在新大陸打造屬於自己的殖民地，也出現了許多犧牲者。接著，他們在殖民地上，身兼領導者與宗教指導者的身分。

他們因為信仰而渡洋，所以理所當然地會試圖建立起一個以聖經敘事為基礎的共同體，也因此該共同體的法律，是以聖經作為第一法源。為此，被視為性禁忌的「性悖軌」（違反自然定律的性行為，如肛交）與「自慰」（與生殖無關的性快感），因為屬於宗教上的罪行，被認定為犯罪行為。

因為他們在殖民地嚴苛的自然環境中過著艱困的生活，於是宗教信念在宗教群體中逐漸強化，進而讓他們自我肯定，產生自己是「肩負在新世界宣揚基督教教義使命之人」的自覺。然而，這卻適得其反，最終他們的宗教群體陷入了強迫性思維，認為自己經常遭到掌管新大陸的異教神靈、精靈或惡魔等神祕力量的脅迫。在這樣的環境下，他們的教義更趨激烈、極端，以力求社會規範的強制力。比方說歷史事件「塞勒姆審巫案」（一六九二年），就是殖民地發生集團恐慌的具體案例。該事件發生在曾存在於麻薩諸塞州的塞勒姆村，當時因為兩名少女與一名女傭幻想而做出的證詞，使得近兩百名村人被指控為女巫，並予以告發，造成了二十五人遭到處決或死於獄中。人們指出，這種瘋狂的狀況之所以會被接受，正是基於上述所提到的強迫觀念。

不過，據說在殖民地時代，與性表現相關的刑罰法規，其實只有一條——也就是一七一一年的麻薩諸塞法「為規範不節制、不道德以及對神的褻瀆，而改善言行舉止的法律」（**An Act against Intemperance, Immorality, and Profaneness and for Reformation of Manners**）[6]。該法條的目的在於禁止英國與法國的淫穢文書流入美國，而依照此法律進行的舉發、處罰，卻也僅有兩例[7]。這或許意味著美國的宗教規範受到了良好維護，但也可能不過是法律難以實際適用在遼闊的殖民地上罷了。

---

6 參考文獻：Acts and Laws, Passed by the Great and General Court or Assembly of the Province of the Massachusetts-Bay in New-England, from 1692 to 1719, London: John Baskett, 1724. Stephen M. Krason, *The Public Order and the Sacred Order: Contemporary Issues, Catholic Social Thought, and the Western and American Traditions,* Scarecrow Press, 2009, p. 362.

7 參考文獻：Jon Lewis, *Hollywood u. Hard Core: How the Struggle Over Censorship Created the Modern Film Industry,* New York University Press, 2002, p. 230.

若有讀者想了解這個情況，我建議可參考法國思想家阿勒克西．德．托克維爾的著作《民主在美國》[8]。作者指出，在當時的美國社會中並不存在規範言論的法律，因為這是共通的常識、宗教規範相當穩固，沒有人敢公然發表違反規範的言論。所以，托克維爾的結論是：「美國並不存在言論自由。」

此外，在警察或法院機構等社會制度尚未齊全的殖民地邊境，則是由「保安官」（sheriff）獨自維持秩序，有些地區甚至連保安官都沒有。因此，未經正式法律程序的制裁（私刑）行為，是非常廣泛而普遍的現象。而此類不經法律流程的判斷與處刑，當然也未留下法律紀錄。一般認為，美國組織化的私刑是在十九世紀中葉後才完全消失[9]。

在這樣的背景下，即使認為當時有人會因為違反性方面的宗教社群的共通規範，而在未經正規法律手續下就遭人處決，或許也不為過。

美國的性規範——「B」可以，但「C」就不行

開拓殖民地的艱辛背景，讓美國的宗教禁忌，比作為殖民母國的英國更為強烈且嚴格。在接下來的內容中，我們將針對美國社會的性規範做具體介紹。那些規範在美國社會好不容易勉強保留至二十世紀初，卻又在一九六〇年代末期完全消失。

即便人們已經高舉著自由與平等的旗幟，但美國社會顯而易見地是一個階級社會。在這個階級社會中，信仰即是生活規範。它具備了一種階級展示的象徵作用，因此上層階級的生活規範，就如同一場競爭般日趨嚴格。在這環境下形成、

---

8 《民主在美國》（日譯アメリカのデモクラシー），Alexis de Tocqueville，松本禮二翻譯，岩波文庫出版。二〇〇五～二〇〇八年，全四卷。

9 參考文獻：Michael James Pfeifer, Rough Justice: Lynching and American Society, 1874-1947, University of Illinois Press, 2006.

適用於美國青少年的規範，強烈要求青少年們直至結婚前都須嚴守童貞或處女之身。不過，它同時也存在著寬容的一面，該規範容許他們在一定範圍內，進行還未達性行為程度的接觸。人們認定貞操極其重要，因此婚前失去處子之身，就等同是社會地位的跌損。然而，身為凡軀肉體的人類，要遵從嚴格的規範實屬艱辛不易；在執行時碰上困難，也是十有八九的事情[10]。因此，為了在生理欲望與規範間達到平衡，社會便發展出更實際的制度。

於是，即便是認為性純潔帶有重大價值的美國傳統社會，男女婚前的交往、擇偶過程中，也存在過會產生身體接觸的習俗——綑綁（bundling）。人們推測，「綑綁」是十七世紀至十九世紀初出現於美國東岸，並盛行於一七五〇年到一七八〇年的習俗。「綑綁」也在同期歐洲的英格蘭、威爾士半島、蘇格蘭、荷蘭、斯堪地那維亞半島、瑞士，以及法國的風俗中出現過；雖說細節會因地而異，但基本上都是男女一組，在未完全褪去衣物的狀況下同床共度一夜的「求愛行為」（courting custom）[11]。簡而言之，就是一種「到B階段為止勉強還行，但絕對不能達到C，這個階段」的規定。雖然綑綁到了十九世紀初時幾乎消失殆盡，但是它的規範特徵——有限制且階段性的身體接觸——仍舊存在於後來男女交往時的特徵當中[12]。

就像這樣，身體接觸成為男女交往的一部份，性交則被排除在男女交往的限度之外。由於身體接觸並不被人們當作是違反純潔的行為，所以人們對於性交和其他身體接觸的區別，有相當明確的分界。當時的年輕人，基本上都是遵從此種純潔規範[13]。當然，關於綑綁，也有男女因克制不住而發生「意外」的紀錄，

---

10 「在美國，性方面的純潔是一八三〇年代左右開始，以年輕男性為對象的改革運動。多數提倡『純潔』的書籍（多為男性所寫成）之主要內容，一是青年必須在結婚前都保持處子之身；二是絕對不可有自慰行為。特別是後者，據說作者們都展現了強烈的恐懼心理。」以上出自大衛・諾特《純潔的近代》（原文書名：純潔の近代—近代家族と親密性の比較社会学，慶應義塾大學出版會，二〇〇七年）第三十四頁。

11 參考《英國十六至十八世紀的家庭、性與婚姻》，第五二六頁。

12 參考《純潔的近代》，第四十七頁。

13 參考《純潔的近代》，第四十八頁。

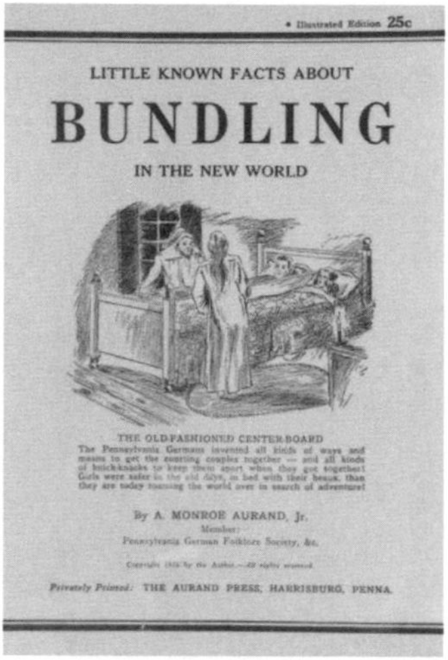

有關「綑綁」的描寫。
出自A. Monroe Aurand Jr.的書籍
（一九三八年）

但是因為擔憂女兒會有嫁不出去的風險，家長通常不會拒絕男子所提出的綑綁申請。從此我們可以得知，在嚴格要求性純潔的美國社會中，也有著只要沒有性行為，便可讓青年男女排解某種程度上的欲望的方法[14]。

一進入二十世紀，男女交往的主流，轉變為在公共場合進行的「約會」（dating）。約會，是指預先與複數人約定時間、地點進行會面的活動，所以約會也是種「受歡迎程度」（popularity）的競賽。受歡迎的程度愈高，未來丈夫或妻子的選擇範圍也就愈多樣。一旦遇到了符合結婚條件的人，並且穩定發展的話，彼此就會開始進行以結婚作為前提的交往。在這時期，不是在婚禮結束，而是在訂婚的時間點就獻出處子之身的女性有增加的趨勢。但未能在訂婚之前保有純潔之身的女性，則會被視為「有瑕疵的」，導致喪失為人妻子、媳婦的價值，這類女性在約會競賽中就形同輸家。不過，即便二十世紀初期出現了這樣的變化，但人們在「沒有結婚就不准有性交行為」的思維上，基本仍沒有什麼改變。

第二次世界大戰後，男女的婚前交往型態再度產生了變化。當時男性約有二十五萬人戰死，又約有九萬人在其它戰地國娶妻。諸如此類戰後男性不足的導因，讓女性不再有多餘的時間去享受約會樂趣，大家的重點轉而放在盡可能在更早的時間點覓得穩定對象。然而，純潔的規範本身仍殘留強烈的約束力，而「愛、性、結婚」的三位一體神話，最終只勉強維持到一九六〇年代末期的解放運動時代[15]。

此處希望大家注意的地方是：「強調性純潔的美國，在直到二十世紀為止，也存在過抑制性欲的制度。」也就是說，對性採取清教徒式的嚴格態度，是一種

14 參考《英國十六至十八世紀的家庭、性與婚姻》，第五二七～五二九頁。

15 參考《純潔的近代》，第五十～五十一頁。

值得驕傲的「官方認定」；而綑綁或約會等為了調節性欲與規範的方式，雖然是「非官方」的做法，但也不失為一種制度上的緩衝。我認為，十九世紀末，開國沒多久的日本在接受西方的性規範時，或許並不清楚西方還有這種非官方的做法，又或許有很大可能是遺漏了這個部分。之所以會這麼說，是因為當時被派遣到西方學習的日本人，皆是社會菁英佼佼者，若要說這些人在派遣國當地都是與何種階層來往，不難想像都是「上流」階層人士。

階級上升與規範嚴格化——自我強化規範的社會

接下來的內容，可能對於時代的理解相當粗略。此處我想介紹主要由盎格魯薩克遜白人（廣義上的新教徒）組成的早期移民時代告終後，各種不同的民族、人種與信徒逐漸移民至美國的時代。

世代流轉，那些並非因為宗教迫害，而是經濟上的原因移民至美國的人逐漸增加。其中或許有些人是希望在新大陸追求經濟躍進、飛黃騰達的資產家和經營者，不過就以我閱讀過的歷史相關文獻來看，他們大都是因為歐洲生活太過嚴苛，為了生存才選擇渡美的移民。

當然，這點對於早期移民——盎格魯薩克遜白人——來說也是一樣，他們幾乎都過著不富裕的日子。但是，對於清教徒的他們而言，若物質豐饒是個沒有意義的標準，那麼財產多寡也就不足以成為人類社會價值的標準。對他們而言，人類的價值在某種意義上，可以用信仰的虔誠程度來加以衡量。

於是，社會的等級便是以與主流宗教的親近程度而定，也就是：白人新教徒↓白人天主教徒↓非白人的基督教徒↓異教徒↓奴隸（大多為黑人）。在這樣的社會中，信仰虔誠有著標記的功能，顯示該人隸屬上層階級；相對地，無法遵守與群體規範合而為一的宗教規範，就代表該人隸屬下層階級。也就是說，在歐洲曾經以宗教權力為基礎發展的性規範，到了新大陸後，那段歷史就彷彿消失，產生了宗教規範等於社會規範的狀況。

如同先前所述，要有「下流」的概念存在，就必須先有「上流」的概念。在這個階段，美國的上流概念，毫無疑問地意味著一個人遵守身為新教徒的行為規範。不管是人們以修道院[16]為題材來創造、散布色情作品，並對信奉天主教的義大利、愛爾蘭移民表示歧視或進行迫害；又或者是人們普遍認為異教徒和黑人都耽溺於性墮落的看法，從這些例子都可見一斑；就如同我們之前提過的英格蘭流浪者的例子，一直以來性規範的紛雜、混亂，以及色情作品每每被人冠上社會下層階級產物（又或是「猥褻」之物）的印象。

那麼，社會以信仰為基礎形成了階級後，這樣的階級社會又產生了怎麼樣的變化？而在這樣的狀態下，人們的規範意識又是如何形成的呢？

在美國，人稱「大覺醒運動」[17]的現象，曾數度興起於一七三〇年代至一九七〇年代之間。由於大覺醒屬於大型的複合式運動，所以無法簡化其原因和結果，不過此處我們仍試著以簡化的角度來整理看看。從這些大覺醒運動當中，我們可以看到其共通目標是：(1)否定預定論，不認為人的救贖是已經決定好的[18]。

(2)抵制聖經中所禁止的邪惡衝動。(3)復興信仰道德。

也就是說，若能呼應大覺醒，悔改個人的罪惡，力行身為基督教徒應有之生活，就能實現「救贖活動」而獲得救贖。具體而言，所謂信仰道德的復興則是諸如：(a)遵守安息日與參加教會(b)禁酒(c)保護娼婦(d)廢止奴隸制度等，主要在於譴責、消除當時社會惡習或可能形成社會惡習的不道德行為。當然，由於推行(b)、

16　由於「修道」的信仰方式本身就與新教的思考模式衝突，因此在新教徒的世界中，與修道有關的事情，都是不合理且滑稽的存在，因而成了他們揶揄的對象。而這種現象，可能和修道行為在與新教教義相差甚遠的東方教會，以及與英格蘭敵對的愛爾蘭世界中盛行有關。

17　指在美國、英國每隔一段時期就會發生的宗教狂熱現象。人們多將其分為四次，第一次為一七三〇～一七五〇年；第二次為一八〇〇～一八三〇年；第三次為一八八〇～一九〇〇年；第四次為一九六〇～一九七〇年。在大覺醒運動的期間，人們會讚揚有倫理的、以聖書為依據的生存方式，亦有許多人會在此時集結為一宗教群體。

18　為一種教義。該教義認為世界的運作是神既定好的，誰會受到救贖、誰又會走向滅亡都是一開始就已經決定。在這教義中，不管人們皈依信仰，還是於此生做了多少善行，都與救贖無關。不過，我們也可認為，這樣的教義只要人們相信「悔改」，就是救贖的證明，那麼這種預定說，反而有種強化信仰的功能。

第二次大覺醒時，於阿巴拉契亞召開集會的樣子（一八三九年）。

(c)、(d)的關係，任誰來看都是無法反駁的一般善行，所以得到了多數人的認同，使之得以發展成一個龐大的活動。

這個大覺醒，還有另外一個面向——對數量逐漸增多的少數派給予社會包容的社會運動。就像我們所知道的，不管是哪一次的大覺醒運動，都誕生於諸如產業轉變、異教徒移民增加，或是失業率提高、景氣低迷等社會危機的時代。因此大覺醒運動，也可說是主流派為了擴大勢力，並吸收、統合過往曾被主流的基督教排除在外，而位居邊緣或下層階級的民眾，使之進入主流群體的手段。

假使美國社會的上層階級，依然是僅由盎格魯薩克遜民族的白人新教徒形成的群體，那麼，隨著移民人數持續增長，社會的多數總有一天將會被非主流派占據。因此，大覺醒活動的功能就在於，將接受了新教價值觀與道德，並願意服從此階級順位的非主流派招入新教群體，並使其在美國社會中可以實現階級上升。

在這之前，一直被主流派排除在外的人們，便以「遵守新教規範的生活方式，來達成悔改」的方法，被統合到符合理想的主流派價值觀之中。此處的重點在於，這群被統合的人們，產生了一種心理狀況：希望自己能成為激進價值觀與道德的支持者。這點在第一章當中也提過，唯有從非貴族身份晉升為貴族身份的「新貴」，才更會刻意地展現出「自己是貴族」的舉動。換言之，這是與「勢利主義（snobbism）」相同的現象。就如同近代，新興的市民階級會積極內化上層階級和宗教權威的規範，美國社會也經由「大覺醒運動」，推進了新教規範的純粹化。

比方說第三次大覺醒運動中，出現了一種被人稱為「革新主義」（progressivism）的運動。所謂第三次大覺醒，指的是發生在二十世紀初至第一次世界大戰為止，以美國國內政治為首，於社會或文化各領域中廣泛崛起的改革運動。雖然有一部分地區的農民和勞動者曾表示不滿，包括從十九世紀後半以來，產業壟斷市場、扭曲社會，以及隨其而來的政治腐敗等等，但是，在這個革新主義為主的時代中，卻也有另一個特點，即是比都市中產階級、一般消費者，還要更大範圍、更多不同階級與職業的人要求改革的呼聲漸趨高漲。由學者、職業作家、神職人員與高專業技術者領導的改革運動，從告發獨占企業，到政治改革、婦女參政權運動、改善教育與勞動條件、救濟貧民，以及禁酒運動都是他們提倡的改革內容。

革新主義以個人宗教懺悔與復興傳統價值的大覺醒作為踏板，朝彈劾與改善社會弊病的目標前進。他們將獨占市場的企業家和政治家等位居經濟上層的墮落行為視為問題，並透過彈劾道德腐敗的上層階級，使中產階級與勞動階級成為結盟關係；而在道德上（自認為）優越的中產階級，也為接納道德與規範的下層階級者，創造出提升社會地位的機會。

在大衛・諾特的著書《純潔的近代》中，也為這部分做了如此說明：

格爾奧格・拉赫曼・摩瑟（George L. Mosse）在民族主義（Nationalism）與性（Sexuality）的控制關係上，強調在Respectability（可敬、聲譽好的）一詞所代表的中產階級社會中，其形成的價值觀所帶來的效果。歐洲中產階級的價值觀——Respectability——在藉由「性的控制」，逐漸往上層或下層階級傳遞的過程中，建立了「自我控制能力」＝「男性魅力」的等式。雖然這段歷史進程是否可以直接拿來解釋美國歷史仍然是個問號，但是，Respectability是美國十九世紀中產階級之理想，仍是不可否定的事實；而自我控制能力，顯然對中產階級男性的「成功」而言，也是不可或缺的要項。至於其中一種對自我控制能力的考驗，無外乎就是向「純潔」的中層階級女性求愛（同前書，第五十四頁）。

在大覺醒運動和革新主義時期，社會所要求的道德水準上升，要求人們遵守規範的壓力也跟著增強。當然，就這些運動的成果而言，因為監獄改革、禁酒、婦女參政權、奴隸解放等目標得以實現，總體來說，應可認為是有意義的活動。然而，將婦女參政權和保護娼婦兩議題結合的「婦女參政權運動」，以及隨後的「婦女解放運動」，將色情作品視為社會重大惡行的做法，仍不可否認地為後續社會的性表現規範帶來莫大影響。

婦女參政權運動與婦女解放運動——禁止色情表現

十九世紀，不僅是移民，農村出身的單身年輕人也大量流入都市。人們認為這造成了都市中宗教與道德影響力的下滑，而這個現象也體現於色情作品在都市的普及。更甚者，在十九世紀末，由於印刷技術發達，各式各樣的出版物大量流入平民手裡，結果出現了許多渾身沾滿流言蜚語與腥羶報導的色情記者——也

十九世紀末基督教派系的婦女團體之一「女性基督教禁酒聯盟」（一八八八年左右）。

就是為了提高報紙發行數量，比起「事實報導」，更將「煽情內容」當作交易物品進行買賣的記者。他們的報導，不是使用了炫麗的形容詞或誇飾法，就是以速度為優先而缺乏驗證的快報，有時則是歪曲某個既成事件而杜撰出的故事，這情形特別能在美利堅合眾國，於十九世紀的整段期間可以看到，他們成功提升了報紙的讀者數量。理所當然地，這與性表現作品的普及蔓延也脫離不了關係。而這些作品，則被當作是引起男性在性方面的攻擊性

——肛交與自慰——之物品，成為譴責的對象。

至於強烈抨擊這類色情作品的，即是基督教派系的婦女團體。婦女參政權運動是從一八〇〇年左右開始至一九二〇年為止的長期運動，以「神的信徒，人人平等」為主軸，來推動奴隸解放運動和婦女參政權運動，主要由有受過教育（信仰）的女性們長期且持續地推動。該運動透過婦女們日常從事的裁縫會、烹飪會以及義賣會等活動為媒介逐漸組織起來，不過這也表示，不屬於這些基督教婦女團體的女性們，就受到了更嚴重的差別待遇，但我們這裡不針對這部分多加筆墨。

直至南北戰爭為止，以林肯為首的各方人士發起的活動得以開花見果，到了一八六〇年代，基督教婦女團體迎來了可說是成功解放奴隸的狀況。接著，她們下一個目標就是透過取得參政權來提高婦女的地位。若是以基督教「節制」的教義為前提來看，不飲酒、不買春的婦女，於道德上的地位是優於男性的，因此婦女們便利用此論點來作為該運動的戰術。也就是說，當時的局勢是她們愈批判飲酒和性墮落，男性的優勢地位就愈受到動搖，女性的地位則愈是提升。

針對這部分，諾特如此認為：

當時，關於貞操的雙重標準，與其說是男人對女人的施壓措施，倒不如說是女性的自主接受。之所以會這麼說，是因為女性獨占了純潔，因此可以在男女之間主張女性道德的優越，赤川（學者）將此種現象稱為「性的縮小均衡戰略」。也就是說，透過這個方式「女性（中略）相對於在性方面較為放縱的男性而言，處於優勢地位，並企圖藉此實現男女平等」。根據德古拉的說法，就當時男性的日記或書信看來，當時媒體所提倡的女性道德優越是普遍接受的論述。此外，賽德曼則表示：「女性透過訴諸『精神上的愛』的意識形態，取得了具有說服力的、強迫男性自制的理由」雖然這導致了婚姻生活中的性主導權也都讓給了女性的結果，但它同時也對婚前的「綑綁」習俗產生了影響（《純潔的近代》，第五十三頁）。

最後，基督教婦女團體所推動的運動，也在禁酒上獲得了成功，使得美國惡名昭彰的「禁酒法」在一九二〇年代開始實施。如此一來，下一個目標，便轉到了男性的性墮落現象。

在取得婦女參政權的同時，女性的地位獲得提昇，她們不再採用以往遊行等直接的行動，而改由政治、立法的方法來推進運動。為了強調女性在性道德上的優越位置，基督教派的婦女團體仍站在這個立場上：將長期以來，被人認為不得不存在的社會陋習「買春」，視為「男性對女性的性榨取」，並且將買春定位為「冒瀆女性尊嚴」。

於是，性工作者被認為是男性在性榨取行為下的「受害者」，接著就如同能在以往大覺醒等運動中反覆見到的，宗教團體再度發起了對性工作者「懺悔與信仰的救贖運動」。在這類恢復女性尊嚴的運動中，為了譴責男性的性暴行，不只是實際的買春，同時也加強譴責商業化的色情作品。因為色情作品被認為是煽動肛交或自慰等性行為，或是誘導年輕人走向強姦等性犯罪的入口。

至此，性規範正式被法制化為「性表現規範」。也就是說，這已不僅僅是「我覺得色情是不對的」層次而已；而是進化到「我覺得連表述色情也不對」——且還是藉由法律這種具體的制度將此意志呈現出來。下一章，我們將針對步入一九〇〇年代後，基督教婦女團體從政治面、法律面積極撻伐色情的發展狀況做詳細說明。

三、第三章總結

此處讓我們來加以彙整所討論的內容。到目前為止，我們可以明白，到十九世紀初以前，與性相關的問題並非是世俗的法律問題，而是宗教的規範問題。不過，由於歐洲的宗教規範也囊括了市民生活，因此，當宗教權力從十九世紀開始逐漸式微，或說是逐漸世俗化時，原本宗教中的規範就置換為市民法律。為了因應宗教權力衰退的情形，宗教關係者也將宗教規範定位為「市民的法律」，力謀維持原有的秩序。此時，女性被定位為與性無關的個體，而這樣的方式，想必是大大扭曲了女性原先的本質。

另一方面，由於宗教規範冀望能夠徹底抵制與性相關的事項，所以造成了兩種傾向。第一個傾向是由於產業的發展，成功從下層階級往上爬的人逐漸增多時，遵守規範所體現出的「上流、高尚」格調，就產生了顯示自我階級所在的作用；加之因為人們趨之若鶩地追求這個階級「標章」，於是在社會的表面便出現了人人展演著「上流」的風氣。

雖說如此，要在性方面維持完全的純潔，對於身為生物的人類而言，仍是相當困難的事，所以無論是在歐洲還是美國，都確實存在過幫助年輕人緩和或發洩性欲的管道。但是，這些緩和策略在強調純潔觀念的社會中，卻是一種無法攤在檯面上說，只能在私底下進行的做法。

第二個傾向則是以往在該「規範」的領域中受到壓迫的女性，創造了一個優於在性方面較自由的男性的局勢。因此，在提升女性社會地位的社會運動中，運動人士採取了強調性規範，並批判、譴責人們在性方面「無節制」的戰術。就我個人看來，他們之所以會強調性規範以及批判其偏差，是因為這就是該運動的最大動機。換言之，即是性規範成為階級與階級之間爭奪主導權的戰場。

一路看來，性規範原本是上層階級者為了保持財產的先決條件，也就是在政治面、經濟面上所要求的紀律。然而，在性規範與基督教的道德產生連結後，它就變成了宗教權力為了確保政治與經濟督導權的依據。到了現代，當性規範喪失了以往的根據（保持財產或維持宗教權力）後，它便內化到人們心中，成為一種「道德」情操。不過，受到這些規範壓迫的人們，也無餘力對這些規範誕生的緣由進行思考，甚至批判，反而窮盡一切努力打算將這些規範內化到自身行為中，以試圖在社會上的支配秩序裡為自己取得一席之地。

就此，圍繞著「色情」的戰役，也將邁入下一個階段。

第四章
法制史篇之一
——「色情表現」是如何受到查禁的？

一、性表現規範在美國國會的法制化過程

性表現規範的法制化過程

從這裡開始，本書想以目前為止呈現的社會反應為基礎，來探討性表現規範在權力結構當中——也就是伴隨強制力的狀況下，是如何轉變成可讓人們具體運用的法律制度的過程。

以往，因為性活動在人們的活動中畢竟是屬於較為隱晦的部分，所以社會面對性或性表現的態度，大多都有些模糊。但是，若要將其設為一個制度，則需經歷兩個過程。一是與社會各個群體的利害關係產生衝突，進行協調的「政治」過程；二是利用理論的架構，為這樣的政治過程定出界限，並賦予強制力之「法律

正當化」過程。從這裡開始，我將從我的專業領域出發，主要探索性表現規範在英美法領域中的發展過程，以說明日本現在性表現規範的內容和社會作用。

本章以及下一章，大部分都強烈依存三島聰《性表現的刑事規範》[1]中的論點。話雖如此，本書的題材解釋與論點選擇，仍有別於三島的論述。相較於三島中立而客觀地描摹美國性表現規範的全貌，本書則側重與性表現規範有利害關係者之間的攻防，再逐步將焦點鎖定在性表現規範的最後堡壘——「兒童色情」的過程。

美國國會的反應——判《芬妮希爾：一名歡場女子的回憶錄》有罪

有關美國社會開始將性道德和性表現視為問題的變化過程，可以從十九世紀初的「都市化」、「加強對青少年教育的關心」以及「出版事宜的變化」[2]的例子中找到。在英美法裡，有著將「口語表現」與「書寫表現」分開來思考的傳統；

舉例來說，誹謗（毀損名譽）的部分，就將「文書上的誹謗」（libel）與「口頭上的誹謗」（slander）視為個別不同類型的犯罪行為來處理。

對於口頭表現，法律認為沒有造成具體損害的內容，可任人自由傳播；然而，書寫表現卻被認為會經由散布，而對社會造成較大影響。因此，印刷物流通、教育普及，以及識字率上升，就形成性表現的問題愈來愈受到重視的背景。

當這樣的變化與青少年教育產生關聯時，便出現為了保護「純潔無瑕」的青少年，應禁止可能使青年人道德頹喪、腐敗的表述內容。也就是說，在十九世紀前半，除了有主張提升社會道德之信仰復興運動的大覺醒巨流外，還有伴隨印刷技術發展而出現的媒體情勢變動，在這兩者之後，便使得性表現規範，被視為與社會防衛有關的政治課題。

---

1 參考《性表現的刑事規範》（原文書名：性表現の刑事規制—アメリカ合衆国における規制の歴史的考察），三島聰，有斐閣，二〇〇八年，第二十八～二十九頁。

2 參考《性表現的刑事規範》，第二十八～二十九頁。

受到這種普遍認知的影響，國會在性表現規範上的作為便顯得相當積極。一八二一年，麻薩諸塞州最高法院認定當時輸入美國且被視為有問題的，是十八世紀英國小說《芬妮希爾：一名歡場女子的回憶錄》，與書中插畫的出版者觸犯了普通法[3]。違反普通法與違反成文法不同，它並不參考國會制定的法條，而是基於中世紀就存在的判例法來定罪並處罰，因此，以近代法所採用的罪刑法定主義來看，這些罪行通常無法成立。

如上所述，從中世紀以來，英美法一直是以「普通人應該都覺得不好」之行為，作為判例法的處罰對象。也就是說，麻薩諸塞州最高法院的判決體現出這一時期已普遍存在「限制性表現是遵從社會正義」的認知。接著，雖然《一名歡場女子的回憶錄》被判有罪，但僅靠判例來判決，卻意味著法律制度的不穩定。因此，國會採取了立法等對應的手段。諸如此類的案件在英美法相當常見，即使由判決來確定某種法理，但是，出現欠缺普遍性或在解釋上有模糊不清的狀況時，國會又再透過法律條文的形式來明確訂定法理，將其設為法律。

各州的對應方式——相競推動法制化

在《一名歡場女子的回憶錄》被判觸犯普通法後，一八二一年，佛蒙特州法訂立了下列規定：「舉凡印刷、出版及販賣淫穢（lewd）或猥褻（obscene）之書籍、繪畫或圖片（print）者，最高法院得處美金兩百元以下之罰金。」[4]

接著，一八三四年訂立的康乃狄克州法，則將書面文字和視覺呈現都包含在限制對象之中，擴大了處罰範圍。此處希望讀者們注意的地方，在於康乃狄克州法中，「將規範對象的表現（expression）形式，分為文書以及非文書的圖畫兩種。圖畫的認定標準為：『具有猥褻的（中略）特質』之表現；而文書的標準則為：『（前略）包含猥褻的字眼』」[5]。也就是說，此處的標準並非是衡量作

3 Commonwealth v. Holmes, 17 Mass. 366(1821).

4 參考文獻：Act of Nov. 15, 1821, ch. 1 § 23, 1821 Vt. Acts 19、三島聰《性表現的刑事規範》，第三十一頁。

5 參考《性表現的刑事規範》，第三十二頁。

品整體的猥褻性，而是「只要當中含有猥褻字眼，則整部作品就會被視為猥褻物處理」，基準相當嚴格。

接著於一八三五年，麻薩諸塞州也出現了相同的立法。其內容除了繼承康乃狄克州法「包含猥褻字眼」的文書規範外，還加入了「明顯使未成年人的道德有頹廢化之傾向」的條件。促使規範對象變得更加廣泛，處罰也變得更重[6]。

其後，從一八四〇年代的伊利諾伊州、密西根州；一八五〇年代的愛荷華州、俄勒岡州、明尼蘇達州；再到一八六〇年代的賓州……立法禁止性表現的

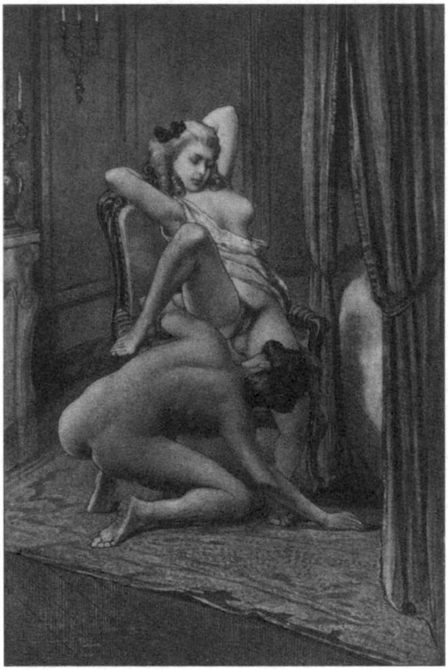

愛德華・亨利・阿夫里爾在《一名歡場女子的回憶錄》中的插畫作品（一九〇七年）。

州逐漸增多[7]。當然，造就這狀況的主要原因，理應是認為性表現有害的見解逐漸普及造成的。然而，當A州在推動此類立法時，若未能制定與其他州相同，或是比其他州更嚴格的法規，人們就會認為A州的道德標準較為低劣，因此可以想見，此種競爭心態，宛如火上添油般促進這類局勢的發展。我將此狀況稱為「上流競爭」。

聯邦國會的對應方式——從流通面間接進行規範

到了一八四二年，美利堅合眾國的聯邦國會首度制訂了限制猥褻表現的法律。不過這法律，並非是為了取締猥褻物品的製作或販賣，而是只透過修訂關稅

6 參考《性表現的刑事規範》，第三十二頁。
7 參考《性表現的刑事規範》，第三十四頁。

法，讓國家得以禁止輸入、扣押與廢棄猥褻作品而已[8]。不僅如此，此修訂法的對象是「圖畫、繪畫、石版畫、雕刻以及幻燈片」，文書並不是限制對象。

雖然此關稅法於一八五七年再次修訂，但文書卻依然不在規範對象之中。若根據三島聰的著書《性表現的刑事規範》中的觀點來看，該理由可能是因為「此法律並非是為了防止帶有性表現的繪圖名信片等物品自法國流入」。的確，屬於外語的法文文章、書籍，在美國國內的社會影響力並不大，也缺乏取締的必要性。但是，我單純認為，或許這是因為美利堅合眾國憲法第一修正案，規定了美國相當重視的「出版自由」，所以才不把出版的直接產物——文書——放入規範中，來試圖規避憲法爭議。

而在聯邦國會的猥褻文書取締法，即是一八六五年的郵政法修正案[9]。該法規定「舉凡猥褻的書籍、繪畫、圖畫，以及其他低俗且下流的出版物，皆不得出現於美利堅合眾國的郵物中」，將書籍印刷物也列入對象[10]。美國會採用這種間接且迂迴的規範手段，主要是因為如同先前所述，由於第一條修正案的「言論自由」精神，聯邦國會才無法訂立抵觸言論自由的規定。

另一個原因是，直接且具體的出版限制，必須以普通法為基礎，並使用州法等形式來進行約束。因為美利堅合眾國憲法第十修正案、第十一修正案分別規定：「憲法未授予合眾國、也未禁止各州行使的權力，由各州各自保留，或由人民保留」；「合眾國的司法權不得被解釋為，可以擴展到受理他州公民、任何外國公民或臣民對合眾一州提出的或起訴的，任何普通法或衡平法[11]的訴訟」，因此聯邦國會在法律面上，並不擁有規範州普通法相關事項的法制權限。即是說，聯邦國會在美利堅合眾國憲法所授權之事項，以及州際關係上，只擁有立法與限制的權限。

---

8 參考文獻：Act of August 30, 1842, ch. 270 § 28, 5 Stat. 566、三島聰《性表現的刑事規範》，第三十五頁。

9 參考文獻：Act of March 3. 1865, ch. 89, § 16, 13 Stat. 507.

10 參考《性表現的刑事規範》，第三十五頁。

11 編注：英美法系中的一種司法制度，允許在現存法律不適用時對案件作出公正判決的法律。

按照這些前提，若聯邦政府要在我們稍早提到過的貿易關稅、郵務和州際通商的面向上，限制猥褻文書與圖畫，那也只能從「交易」與「流通」上限制而已。這也是當時的聯邦國會，對於猥褻物品所採取的對應方式。

二、來自各種團體的壓力——市民主導的規範理論

雖然本章並不打算就美國國會的對應做更深入的探討，不過此處我仍介紹一下，此種立法背景，存在著什樣的政治力學。

以回應選民所託為己任的議員，都有著回應熱心群體的訴求之傾向，即使對方並非社會上的大多數，而由這樣的議員所構成的國會，通常較為迎合主張性表現規範團體的訴求，在立法上就出現不少案例。此外，由於議員在面對選民宣傳時，強調自身道德高尚是合理的動機，因此相對於要求訂立性表現規範的團體，議員有追求更高道德、主張更加強硬的趨勢。因此，民間的規範論與國會的規範論，兩者在相互加乘的效果下，便促成了立法。

也就是說，國會可說是採取了一種順應民間團體壓力，又或者是以領先其一步的形式來訂立、強化規範。在接下來的章節，本書將介紹是什麼樣的壓力團體

推動了性表現規範。

宗教團體的主導——「紐約惡行抑制協會」的大活躍

當美國於一八六五年南北戰爭結束、成功解放奴隸後，性表現規範就成了下一個實行的目標。而這個時間點，約比日本的明治維新還早一些。當時人們集中關注性表現規範的理由，有可能為以下幾點。

首先是國民們原先聚焦在戰爭的目光，在當時終於有心力可轉到其他問題上。由於南北戰爭是以武力來決定「奴隸制度的對錯」，而奴隸制度又牽涉到美國的國家制度，因此在面對這種根本上的大問題時，人們過去無暇在意性表現規範等等枝微末節的事情。

再者，就如同每每可在媒體歷史中觀察到的，我們可以想像媒體會隨著戰爭中的市場擴大而發展，以及隨著戰後市場的縮小而競爭力下降，並開始出現煽情報導。人們處於戰爭時，因為渴望得知戰況消息，媒體市場因而急速擴大；一旦戰爭結束，市場便急速縮小。如此一來，媒體產業就會透過報導社會問題以試圖維持市場。舉例來說，他們會為了存活下去，而去迎合因為戰爭而荒廢的地方習俗，又或者反過來去譴責那些已荒廢的地方習俗，以贏取社會目光。

而婦女們從戰爭前便持續展開的社會改良運動，在戰爭結束後，步調就變得更加猛烈了。該運動的目標是解放奴隸、禁止賣春，以及禁酒等事項。既然南北戰爭解決了解放奴隸的問題，那麼下一個目標會落在禁止賣春（以及制定性表現規範）也是理所當然的發展。對媒體而言，也產生推波助瀾的動機。

安東尼・康史塔克像（一八四四～一九一五年）。

我們看到「基督教青

紐約惡行抑制協會的徽章

年會（YMCA）」自一八六六年左右起就主張「以廉價的方式販售猥褻書籍與報刊，是誘使青少年驅步前往妓女戶的原因」，並展開了制定性表現規範法的運動。到了一八六八年，他們成功地在紐約州成立性表現規範法，也在聯邦以及其他各州積極展開政治遊說[12]。

主導YMCA政治遊說活動的，是一位名為安東尼・康史塔克的社運家。身為虔誠基督教徒的他，從一八六八年就開始獨自著手設計性表現規範。一八七二年，他接近YMCA，並成為該團體新設立的「惡行抑制協會（Committee for the Suppression of Vice）[13]」之取締者。

康史塔克假扮成書籍、雜誌的買主來進行臥底調查，使出版業者遭受逮捕[14]。在他揭發的書籍當中，還包括了內容不包含性的內容，而僅是違反基督教傳統性規範之思想的作品[15]，例如：推崇自由戀愛。康史塔克並非只是積極取締個別行為者，在強化導入聯邦及州的規範法方面，也投入了許多心力，例如：先前所示的郵政修正法與關稅法，都是他活動的成果。

就這樣，康史塔克在自身推動的新聯邦郵政制度（康史塔克法案）中，成為了取締猥褻表現的負責人。最終，原本應屬私人團體的惡行抑制委員會，就變成了以紐約州執法機關的身分，與警察攜手合力取締的角色。一八七三年的紐約州法，將委員會轉移至一個名為「紐約惡行抑制協會（New York Society of the Suppression of Vice）」的獨立組織，承認協會為規範法的執行機關，並且規定警察在執行法令過程中，必須協助此組織。到了一八七五年，法案更給予了協會負

12 參考《性表現的刑事規範》，第四十四頁。

13 該組織設立於一八七三年的紐約州，名稱來自英格蘭的「惡性抑制協會（society for Suppression of Vice）」，目的在於監督公共道德。該組織對出版物品進行審查，從一般的文學作品到報紙都是其審查對象。除此之外，他們也會在車站、馬路上監視民眾，在紐約扮演著基督教警察的角色。而在一八七三年用來打壓言論的郵政法（康史塔克法），亦有該組織的努力推動。在該法成立後，該組織許多成員皆成為了審查委員會的成員。

14 參考《性表現的刑事規範》，第四十四頁。

15 參考《性表現的刑事規範》，第五十一頁。

責人得以警察代理人的身分，逮捕、押解違反人員至法院的權限[16]。康史塔克的行動，可說是相當活躍。

如此，紐約的限制強化也影響了其他地區，再度引爆了州與州之間的「上流競爭」。果不其然地，各個主要城市皆以宗教人士與熱中信徒為中心，接連組成了類似惡行抑制協會的規範運動組織。另外，各州也仿效紐約州，制定出相同的性表現規範州法，到十九世紀末為止，至少有三十州制定了規範法。

更糟的是，由於規範法允許具強烈宗教色彩的規範團體干涉規範法的執行，因此，在一八七〇年以後，與性表現相關的規定，就在美國各地變得非常地嚴格[17]。當時，被用來當作規範性表現的理由，除了有先前提到的，由於教育改善、識字率提升、出版品數量大增，因此必須保護容易接觸到性表現的青少年之外，還有維持與提升女性的社會地位。此處提到的「維持與提升女性的社會地位」，是指透過限制避孕與流產相關資訊，藉以維持傳統的性道德；而「提升」所指的，則是為了改善女性成為男性性歡娛犧牲品的狀況，而去統一男女間不一致的性道德觀，使其符合更嚴格的女性道德戒律。

一八八三年，十九世紀最大的女性團體「基督教婦女禁酒聯盟」[18]設立了「不潔出版品抑制局（Woman's Christian Temperance Union）」，推動抵制性表現的運動。一九一五年，康史塔克去世，接班人約翰・桑姆納（John Sumner）繼續經營協會。不過，進入一九二〇年代之後，美國社會對性變得寬容，開始無法比照十九世紀末那時般隨心所欲地限制性表現。因此，法院所變更的猥褻性認定基準[19]，就成了強力的制約依據。

16 參考《性表現的刑事規範》，第四十四~四十五頁。

17 參考《性表現的刑事規範》，第四十六頁，

18 為偏向女性的組織，於各州皆有分部。該組織在一八七四年在美國成立後，後續便擴大到了世界各國。該組織的主要目的為限制以及階段性地廢止人們飲酒，而在後續的婦女參政運動中，它也扮演著一個活躍的角色。

19 參考文獻：People v. Brainard, 192 App. Div. 816, 183 N. Y. S 452 (Sup. Ct 1920), People v. Holt, (1922), People v. Seltzer, (1922) etc.

當時，法院改變了以往只要含有猥褻表現的作品，便認定整體作品為猥褻物的態度，改為即使是含有猥褻內容，不過若以整體作品來看，是可以平衡該部分的話，則不應視作品具猥褻性。之後，法院從未停止探索這種平衡的精神。

為此，桑姆納企圖透過成文法，變更對他們不利的法庭判斷基準。他在一九二二年時，與紐約州最高法院審判員、宗教關係者組成「淨化書籍聯盟（Clear Books League）」，製作了州法修訂案，開始國會的遊說活動。不過，第一次世界大戰後的社會已對性規範的看法有所改變，因此，那樣的活動未能起什麼作用。在整個一九二〇年代，聯邦國會都沒有認可桑姆納所希望的法令修訂。

事情並未就此結束。但是，宛如在說：「這次桑姆納又失敗囉……」；「呵呵，桑姆納真的是四天王中最弱的！」桑姆納的活動屢次失敗。但打算限制性表現的活動，仍會在每隔一個時期後，又在美國社會中死灰復燃。

業者的自主審查——波士頓書商委員會

自古以來以學術都市聞名的波士頓，在一九二〇年代之前並未出現追訴性表現的案例，也因此，法院幾乎沒有檢視過取締性表現的州法規定是否正當。如此品行良好的狀況，並非意指波士頓品格高尚，而是因為它擁有嚴格的事先抵制組織，使當時甚至有「波士頓禁區（banned in Boston）」的說法存在。

在當地，從惡行抑制協會於一八七九年設立，由新英格蘭分部演化來的「新英格蘭監視監督協會（New England Watch and Ward Society）」，以及由書商於一九一五年構成的「波士頓書商委員會（Boston Booksellers' Committee）」，會共同事先審查出版的書籍。在波士頓，若有違反此審查的出版品，就會被業界下架，再由該協會進行刑事告發。這種狀況或許可以說如先前托克維爾所觀察到的現象，也就是，在法律限制起作用之前，社會自發的、強力事前限制力量落實成為一種制度[20]。

不過，在一九二〇年代，該協會所執行的事前審查也開始遭到法院的譴責。麻薩諸塞州聯邦地方法院表示，「協會雖擁有告發犯罪的權力，但對於書籍與雜誌的交易業者，並不擁有因為對方不接受己見，就威脅對方將提起訴訟的權利」。此外，隨著協會恣意審查的實情被世人所知，協會也失去了市民支持，立場逐漸薄弱[21]。

但是，就像是為了填補弱化的協會力量一般，警察、檢察官在性表現規範的審查卻變得積極起來。他們與以往相同，會事先通知業者商品被認定為猥褻書刊，使其中止販賣。不過，最後這類事前審查行動也遭到市民的責難，特別是在其他州可毫無問題地流通的書籍，若在麻薩諸塞州被禁止的話，還會被人們認為是州過於保守的體現，並當成一種恥辱。為此，麻薩諸塞州在經歷長期的社會運動與國會論戰後，終於藉由修正州法，將過廣且過度的事前審查縮小至合理且有限制的範圍[22]。

第二次世界大戰後——性表現規範運動再度活躍

就跟南北戰爭時期相同，在第一次、第二次世界大戰期間，民間對於性表現的譴責聲浪並不關注。一旦眼前出現類似戰爭等更顯著的重大課題時，性表現之類的小問題，就會讓人覺得無關痛癢。戰爭期間，對性表現的限制依然是停留在較輕微的程度，像是透過聯邦郵政制度來制約被視為猥褻作品的書籍流通[23]。

第二次世界大戰後，也由於經濟上的混亂等因素，性表現規範並未被人當成重要問題，但是在步入經濟趨於安定的一九五〇年代後，狀況又開始出現了變化。在經歷巨大戰爭後，社會在各方面都發生劇變，也必定會有針對新變化的譴

20 參考《性表現的刑事規範》，第六十七頁。
21 參考《性表現的刑事規範》，第六十八～六十九頁。
22 參考《性表現的刑事規範》，第六十九～七十二頁。
23 參考《性表現的刑事規範》，第八十四～八十六頁。

責，試圖扭轉局面、導回舊習。一旦戰爭結束，情況就跟南北戰爭後相同，市場大量出版廉價的娛樂書籍；一旦和平降臨，以往關注戰爭的媒體，就會有其他心力將所謂的低俗娛樂作品介紹給社會大眾。在這種競爭局面中，媒體為了吸引讀者注意，就很難不去生產或流通許多與性有關的作品。於是，抑制性表現的運動，趁此趨勢，再度於一九五〇年代活躍起來。

聯邦為限制性表現而對郵政法進行更嚴格的修訂，製作了禁止郵送書單，包含當時被認為是古典文學的書籍，盤算著即使違反聯邦行政手續法，也要限制性表現[24]。各州的州議會，也開始推動許多強化性表現規範的法案，在這些法案中，多數的方針都是設立一處審查出版物的委員會。

在這一波強化限制的潮流背後，存在著名為「全國良善文學組織（National Organization for Decent Literature）」的規範團體。雖然該團體的名稱與「惡行抑制協會」相較之下比較沒有那樣恐怖，卻是一個相當高壓的團體。這個團體於一九三八年組織而成，旨在指導教區民眾反對出版、販賣「下流」印刷品的風潮。

此團體設立由天主教祭司所構成的委員會，後來更發展成一個全國性規模的大型組織[25]。他們直接對自認為有害的圖書販賣業者施壓，投注心力逼迫其停止販賣；也會每個月製作黑名單，一邊透過拒買運動，一邊要求販賣業者自律，停賣黑名單中的出版物。除此之外，也有其他的私人團體，會將黑名單交給警察或檢察官，再由警察或檢察官對販賣業者施壓，迫使其自律；或是直接由警察巡自審查出版物內容，再要求業者停止販賣[26]。

進入一九六〇年代，公民權運動、反越戰運動等社會活動變得活躍起來。因為這些運動的目標多在要求更多的自由，為以前的美國傳統與規範等價值觀帶來很大的挑戰。當然，性表現也因此變得更為自由[27]。當時，因為先前提到的「全

24 參考《性表現的刑事規範》，第一〇二～一〇三頁。
25 參考《性表現的刑事規範》，第一〇五頁。
26 參考《性表現的刑事規範》，第一〇六頁。
27 參考《性表現的刑事規範》，第一二七頁。

擁有革命性象徵的美國雜誌《花花公子》的創刊號（一九五三年）。

國良善文學組織」採取過拒買運動、強迫、逮捕、追訴等強硬手段，故被指控有違法之虞；同時，社會也開始強烈批判這種高壓的審查手法。

後來，就像是為了要避開社會的批判一般，採取新規範手法的團體便取而代之地出現了。該團體名為「公民良善文學組織（Citizens for Decent Literature）」，是由信奉天主教的律師查爾斯・基廷於一九五七年設立的團體。當初這個將目標在於強化辛辛那提市的規範團體，後來逐漸擴大，於一九六〇年發展成了全國組織[28]。

比起文字與書籍，這個團體更以照片與雜誌為取締目標，它不使用威嚇方法（例如跟對方說「我要逮捕／起訴你！」），其戰術是以法律為依據，再透過逮捕、起訴，從而將規範實體化。例如：加速逮捕、搜查、扣押，或是幫助收集證據、由會員進行的公審旁聽、對法官提出書信的攻勢等。後來，在有關性表現規範的許多審判中，該團體會以「法院之友（amicus curiae）」的身分參加；法院之友指的是在針對個別的法律問題上，向法院給予資訊或提出意見的第三者。獲得法院邀請或許可的個人、組織，可提出意見書或者利用口頭方式陳述意見給法院。此制度主要使用於具有對社會、政治或經濟有較大影響的事件。一方面，這些手法減少了規範團體與警察恣意且直接的介入；但另一方面，因為這種制度不同於以往，可以在沒有事前告知的狀況下，就進行逮捕或起訴，所以許多業者就變得不敢再去經手有可能會被列為取締對象的出版物。這樣的寒蟬效應，也使得這種限制方式看起來更加有效。

28　參考《性表現的刑事規範》，第一〇五頁。

此外，在該時期有所成長的性表現規範團體中，還有另一個名為「媒體道德組織（Morality in Media）」的團體，是由耶穌會（天主教）的神父希爾等人，於一九六二年在紐約市成立的組織，此團體與「公民良善文學組織」相同，都是以要求強化性表現規範為目的，並支援訴訟活動的團體。

這些團體於一九六〇年代前半進行活動，不過就如後面敘述的，由於聯邦最高法院對於性表現規範漸漸呈現出消極的傾向，因此宗教家、規範運動家以及保守派的議員們，都在議會中多次試圖推動執行性表現規範的委員會。值得玩味的是，這波在第二次世界大戰後的性表現規範運動，主要都是天主教派的活動家所主導。不過，這些活動總是在「美國自由人權協會（American Civil Liberties Union）[29]」等團體的強硬反對下而失敗[30]。美國自由人權協會，是一個以擁護憲法保障的自由與權利為目的的大規模民間組織。

女性解放運動的影響——要限制的到底是性表現還是暴力表現？

本書先前也提過幾次，追求提升女性權利與社會地位的運動，從第二次世界大戰前就維持了很長一段期間。要求政治與法律上的男女平等運動，在一九六〇年代顯得盛大而熱絡，並獲得了相當的成果。接著，在一九七〇年代，與女性解放運動相關的人們，又開始致力於推動並追求社會實質的男女平等，以及在政治與法律領域中備受認可的女性權利，且將其反映在社會生活中。

當時的女性在思考女性在社會中處於何種狀況時，認為（男性）在一九六〇年代顯著的性解放運動與女性人權的侵害有所關連，並且似乎想讓女性在性表現

29 設立於一九〇二年，是美利堅合眾國中最有影響力的非政府組織之一，主要目的在於保護《美國權利法案》所保障的言論自由。他們提供律師或法律專家，以支援被政府等機構侵害言論自由的個人與團體。該團體圍繞在言論自由問題所發起的大量訴訟，在在為美利堅合眾國的法律發展帶來了很大的影響。而在法庭鬥爭之外的場合，他們也會對支持美國自由人權協會立場的政治家進行遊說活動。

30 參考《性表現的刑事規範》，第一七九頁。

中，被歸於從屬地位的問題再次浮上檯面。於是，不同於過去基督教團體以宗教為理由來推展，從性權力的角度來推動性表現規範運動便開始活躍起來[31]。

這個現象的背後，許多人認為是一九七〇年代中期，平等權利修正案的推動[32]停滯不前的狀況下，為呼籲大眾更廣泛且普遍地參加運動，故將反色情作品運動加入其中的一種戰略[33]。這些運動將色情作品視為罪惡，激起人們對女性的蔑視與性暴力慾望，並付諸實行，對色情作品進行了強烈的抨擊。

必須注意的是，此處所說的「色情作品（pornography）」，是在本書所謂的性表現、性關聯表現的範疇中，更限定於以引起男性暴力的性興奮為主要目的的意涵。比方說，在明尼阿波利斯市與印第安納波利斯市，就將以下定義作為應限制的色情作品。

(1)將女性表現為以痛苦或屈辱為樂的性客體。

(2)將女性表現為對於被強姦會感到性歡娛的性客體。

(3)將女性表現為受綑綁、被刀刃劃切身體、受毆打致傷或身體上受到傷害之性客體；又或者被表現為手腳被砍斷、身體末端部位被截斷，或是身體被切得七零八落之性客體。

(4)表現女性被物品插入或被動物插入體內的姿態。

(5)在有損女性尊嚴或受到傷害、屈辱、拷問的故事劇情中，將女性在性方面表現為淫穢卑劣者，又或者有流血、身體瘀青、受傷表現者。

31 參考《性表現的刑事規範》，第二三一頁。

32 從十九世紀半開始，發起以女性為中心，來獲得女性市民權的活動逐漸變得活絡，「全美婦女選舉權協會（National American Woman Suffrage Association）」亦隨之出現。到了一九二〇年，該組織為女性成功取得參政權，並將下一個目標訂為「廢除女性在法律上的不平等」，在〈平等權利修正案（Equal Rights Amendment）〉的起草上做出了貢獻。即使遇到各種抵制，該組織仍持續活動，到了一九六六年更推動組織化，設立了「全國婦女協會（National Organization for Women）」。透過該組織的努力，〈平等權利修正案〉在一九七二年獲得美利堅合眾國參議院批准。其後，為了獲得通過條例所需的全美四分之三州（三十八州）的州議會批准，該組織仍持續進行運動。但到了期限的一九八二年為止，他們仍未獲得必要的批准數，條例以不成立告終。

33 參考《性表現的刑事規範》，第二三八頁。

(6)將女性表現為用來支配、征服、侵害、榨取或作為道具使用的性客體，或者表現為以從屬、服從或展示品之外貌或狀態的性客體。

看到這些定義，便能清楚了解，與其說這些定義屬於「色情作品」的範圍，更為適切的說法應是指作品在「性」的前提下，所展現出的「暴力表現」。

到了一九八〇年代，部分女權主義者以相同的理由，視色情作品為社會問題[34]。她們認為，色情作品的存在本身就是性別歧視的一個型態。受到這類運動的影響，數個地方議會從性別歧視的觀點來探討限制色情作品的條例，並通過了表決。但是很快地，全美書店協會以及美國自由人權協會就以違反憲法的理由，提出了要求廢止此條例的訴訟。

比方說，明尼蘇達州明尼阿波利斯市長對於市議會所制定的相關條例，就以以下理由行使了否決權：(1)並未充分討論其與第一修正案（政教分離的精神、信仰宗教與言論表達自由）之關聯。(2)文句定義不夠精確。(3)將女性表現為性行為客體的思維，也應受第一修正案所保障。面對市長的否決，市議會組成的特別委員會建議條例應進行下述的修改：⑴色情作品定義中的「女性」一詞，應變更為更中立的「人」。⑵應僅限於暴力表現。⑶刪除與色情作品交易相關之條款。最終，國會做出修正，並敲定了以下規定：⑴不得僅以部分表現內容來評定其猥褻性。⑵應限定適用範圍。⑶應以限制暴力表現為主。然而，此修正仍因抵觸了第一修正案，而為市長否絕。

我們可以從這些例子中了解到，對於「因屬不適切之表現，故應限制」的主張，會與憲法的言論自由形成對立；而對於「性表現等同歧視女性」的主張——特別是把女性作為關注對象的性表現規範法——則與憲法平等條款之普遍性觀點形成對立，也就是法律條例應同時考量到男性。這類的條例，也受到來自不同觀點的女性主義者的批判。此外，也有人認為這類性表現規範條例僅會帶來性方面

34　參考《性表現的刑事規範》，第二四一頁。

的壓抑，與女權解放、改善性別歧視沒有關聯，因此反對這類條例，進而組成「女權主義反審查工作組（Feminist Anti-Censorship Taskforce）」。即是說，就算同是女權主義運動，也可見其內部對色情作品的對立態度。

三、第四章總結

至此為止，我們已經談到在市民社會中內化的性規範，逐漸發展成具體地限制性表現的文字，並制定出一套法理的過程，但由於內容稍長，因此本書在此先做一次彙整。

十九世紀，因為出版物的量產、普及至一般大眾階層，以及青少年教育的普遍化，性表現規範成為了社會關注的事項。而凝聚這種問題意識，並加以推動者，皆是以宗教教義為基礎的民間團體。另一方面，組織國會的議員們，也認為自己必須遵循社會之「善良」道德觀念，而選民們更是如此期待。所以可以說，對於議員們而言，為了證明自己的行為符合這種良善觀念，就有理由積極地與推動規範的民間團體攜手處理性表現規範。透過民間團體與議會的活動，各州逐漸制定了性表現規範法；但是就聯邦全體而言，卻因為美利堅合眾國憲法的架構限制，僅能以郵政法來限制出版物的流通。

不過，到了第二次世界大戰後，不僅是以宗教信仰為其基礎的民間團體，也逐漸有人從女性解放的立場，提出性表現規範的主張。此處就如先前所述，有其因女性較男性更受社會壓抑，故女性藉此機會向男性提出異議的面向。此外，我們也可以窺見，在這段政治鬥爭的過程中，性表現規範被人們當作一種戰術來運用。話雖如此，女權運動內部也有人對這種戰術究竟是否正當提出了質疑。

於是，在來自市民社會內部的壓力與議員們的利害關係兩相拉扯的過程中，限制性表現的規範與制度，終於在歷經各式各樣的曲折後逐漸成形。

第五章

法制史篇之二——「色情」表現規範是如何制度化的？

一、司法對性表現規範的應對

在前一章之中，我們探討了美國國會性表現規範之立法過程，以及其背後社會的影響因素。從本章開始，我們要來做更深入一點的探討。為了解性表現規範在法律定位上的變化過程，我將與各位讀者一同瀏覽，主要與美國憲法第一修正案有關，也就是牽涉到言論自由與其關係的具體判例。之前，我曾經介紹過英格蘭的判例（一七二七年的卡爾案），在此判例中，法官將性表現認定為社會的罪惡（違反普通法的行為），而非宗教上的罪惡。那麼，從這樣的判例來看，性表現的規範在法律上，又是以什麼基準逐漸合理化呢？

就如之前我們看到的，性表現的規範大多是經由部分社會上對於性表現特別敏感的團體（例如：基督教系團體以及女性團體）逐步推動而成。甚至可以說是因為有這些團體的推動，才讓社會對性表現規範逐漸形成某種程度的認知。不過，只要言論自由還受到美國憲法第一修正案保障，那麼在司法實務上，就必須從法律面來評斷性表現。那麼，面對推動的團體及一般社會的要求，議會究竟是如何應對性表現規範問題的呢？就讓我們透過以下幾個具體案例，來概略地說明。

希克林基準：猥褻表現當然違法

十八世紀時，認為性表現為「危害社會」的共識，逐漸在司法上成形，到了十九世紀，當時社會為了反映「上流的、高尚」這個重要價值，國會也制定了規範性表現的法律。不過本應由法律所定義的「猥褻」概念，也許因為立法者也屬於上流的一方，因此沒有明確的記載。

進入十九世紀後半，關於性表現的事件逐漸增多，英格蘭的法庭面臨具體定義「猥褻」的節骨眼[1]。最終，一八六八年時終於出現了第一個給出明確基準的判決，也就是希克林案[2]。這個事件的源頭，來自一本用來告發基督教神父腐敗的正經書籍。它是一本小冊子，內容有一半都與猥褻無關（此即第三章中所提到的，實際在批判社會，但以「色情」作為包裝的書籍），對於這本書是否該以「猥褻物」作為取締的對象，產生了很多爭議。對此，法院則認為：

(1)即使書籍並以猥褻，而有其他正經的目的，仍無法左右該出版物在刑事法上屬於「猥褻物」的事實。

(2)判斷基準在於，這類出版物是否可能落入容易受到違反道德思想影響的人手中，使其墮落或頹廢。

1　參考《性表現的刑事規範》（原文書名：性表現の刑事規制—アメリカ合衆国における規制の歴史的考察），三島聰，有斐閣，二〇〇八年，第四十九頁。

2　參考文獻：R. v. Hicklin, (1868) LR. 3 Q.B. 360.

基準(1)，大致上反映出當時維多利亞時代致力追求高尚的風氣。但此處值得注意的是基準(2)。這個基準，並非以「普遍大眾」，而是以「容易受到違反道德思想影響的人」為標準。那麼，「容易受到違反道德思想影響的人」到底是怎樣的人呢？是流浪漢？勞動階級？還是當時被認為理性與智慧低於男人的女性或小孩？又或者是上述的所有人呢？換句話說，該基準的言外之意，就是「紳士就算接觸到猥褻物，也不會墮落和頹廢」；這與第三章所提到的，維多利亞時代所崇尚的高尚節操相互呼應。該判例所定義的基準，就被稱為「希克林基準」。該基準不只在英國，也逐漸在美國各州廣泛採用。這個時期被列入禁書的，雖然大多是煽情娛樂的書籍，但因為未對作品整體價值進行評價，導致諸如《天方夜譚》、《達芙尼與克羅伊》以及海明威的《戰地春夢》等現在人們認為的古典名著，在當時都曾經是禁書[3]。

以現在的觀點來看，希克林基準對於猥褻性的定義其實相當寬廣，或許是因為常識仍發揮著作用，因此這在當時並未造成過度限制。在美國，一些具有社會價值的作品，就算內容涉及性表現，也比較少受到起訴。實際受到起訴的案件，大都是通俗娛樂或具有危險思想的作品。

因此，在一九二〇年代以前，較少有機會探討猥褻表現的規範是否牴觸憲法保障的言論自由，也從未經過詳細的研究，對於限制猥褻表現的態度，也幾乎是直覺性地認定為「肯定是合乎憲法」。換個角度說，因為這個時期以希克林基準遭行取締的，大多是通俗娛樂或帶有危險思想的出版物，可能具有社會價值的作品則未被取締過，因此並未引起什麼爭議。久而久之，也形成了社會普遍認為「只要猥褻就該用法律加以制裁」的思考根據，意即「猥褻表現並不屬於言論自

3　以下為因為希克林基準而受到限制的經典名作例子：希臘古典文學《達夫尼與克羅伊》、羅馬古典文學《*Satyricon*》、波斯古典文學《天方夜譚》、弗朗索瓦·拉伯雷《巨人傳》、喬凡尼·薄伽丘《十日談》、傑可莫·卡薩諾瓦《*Histoire de ma vie*》、伏爾泰《伏爾泰作品集》、詹姆斯·喬伊斯《尤利西斯》、大衛·赫伯特·勞倫斯《查泰萊夫人的情人》與《戀愛中的女人》、埃里希·瑪利亞·雷馬克《西線無戰事》、厄尼斯特·海明威《戰地春夢》與《戰地鐘聲》、莉蓮·史密斯《*Strange Fruit*》、亨利·米勒《北回歸線》等。

由」。不過，到了一九三〇年代，人們對於希克林基準中，單純以是否含有猥褻單字來判別猥褻表現的認定方式產生質疑，因此進入訴訟後，若作品整體具有正當的社會價值，那麼即使帶有猥褻的單字，也不會再被認定是猥褻物[4]。

順帶一提，這個時代對於猥褻表現的定義，大致上為有使人產生性衝動傾向的內容、引起淫穢思想傾向的內容、主要在追求性刺激的內容、專注追求令人厭惡的感覺、誘發淫穢感情的內容、有刺激性欲效果的內容等等。就字面上看來，雖然仍舊給人不夠具體的模糊印象，不過至少沒有精簡到直接說「色情就是不行！」這麼簡略了。

到了一九四〇年代，為了執行戰爭任務，政府開始試圖綳緊國民道德的界線，加強了對言論自由的限制。但法院拒絕改變過去的判例，認為行政的規範不能違反憲法[5]。不過，此時法院的判例幾乎都集中在社會中具有價值的文學作品上，可以說已經進入了討論某文學或者藝術表現，到底屬不屬於猥褻物的層面。因此，在面對明確的色情作品時，人們對於「性是道德上的罪惡，所以是刑事規範的對象」的想法，仍未提出任何性規範本身是否合憲的懷疑[6]。

羅斯基準：只要具有社會價值，帶點色情也可以

第二次世界大戰後的美國社會，性解放的氣氛逐漸濃厚。首先，美國生物學家阿爾弗雷德．金賽（Alfred Kinsey）出版了他的研究報告《男性性行為》（*Sexual Behavior in the Human Male*），明確舉證美國一般男性實際的性行為樣貌，大舉顛覆了美國社會對於性的常識，也讓人們對既存的性規範產生了懷疑，使過往的希克林基準逐漸失去說服力[7]。在這個時期，一些案件的判決中，也提

4　參考《性表現的刑事規範》，第七十八頁。
5　參考《性表現的刑事規範》，第八十四～八十五頁。
6　參考《性表現的刑事規範》，第八十七頁。
7　參考《性表現的刑事規範》，第九十三頁。

到了性表現規範的合憲性。不過，在實務上，不知是否因為過去的判例仍舊發揮著影響力，在爭論猥褻規範的合憲性時，判決上依舊具有認定其當然合憲的傾向。在這樣的判決中，多用以下各根據來揭示性表現規範的合憲性：

(1)州有守護市民免於受到猥褻表現侵害的權限，自古以來就存在取締猥褻表現的法律。在普通法中，轉讓猥褻物者一直都是處罰的對象。
(2)州最高法院肯定猥褻表現限制法規合憲的先例。
(3)合眾國最高法院也示意，按照言論自由之規定，猥褻表現可納入規範之範疇。

由上可知，在採判例法的國家中，有多重視過去的判例以及社會上的一般觀念。也就是說，既然過去皆認為它合憲，那麼事實就是，猥褻表現規範合憲。而對於猥褻表現應屬於言論自由的一部分的主張，法院則如此解釋：

(4)猥褻表現對於民眾具有造成精神委靡的極重大危險，因此猥褻物的出版與販賣，符合限制言論自由的條件：明確且立即的危險。

此處所指的「明確且立即的危險」，意指公權力控制言論自由的正當時機，僅限於在即將發生高度危險的狀況中，禁止可能促使危險發生的言論。簡言之，若某言論被認定為有迫切的危險，那麼就算憲法保障言論自由，也必須加以規範。「猥褻表現」因為有讓民眾精神委靡的危險性，所以符合這個基準。不過對於是否符合「明確且立即的危險」的基準，則也有人提出不同的見解，例如：如果閱讀猥褻的書只會讓人產生正常的性欲，那這樣的限制就屬違憲，以及沒有足夠的根據能證明一般人閱讀猥褻的書後，就必定會做出對社會有害的性行動[8]。

這種狀況直到一九五七年的羅斯案[9]才產生變化。羅斯案是指一名在紐約市

8 參考《性表現的刑事規範》，第九十六～一〇一頁。

9 參考文獻：Roth v. United States, 354 U.S. 476 (1957).

從事出版與書籍販賣的書商羅斯，因利用聯邦郵局的郵務系統宣傳及販賣具有性表現的書籍，而被判有罪的事件。此事件和另一案為住在洛杉磯的阿爾巴茲，也因同樣手法而被判有罪的事件，一同讓聯邦最高法院開始討論，「猥褻表現」是否受美國憲法第一修正案中的言論自由保護。

關於此案件，在最高法院之前的上訴法院中，法官法蘭克對此事件的問題點提出的個人意見如下：

(1)沒有任何證據可以證明，猥褻表現會對一般成人的行為會產生影響。

(2)因規範不限定於猥褻作品向青少年傳播，因此猥褻表現是否會使青少年產生不良行為，原先就非考量的對象。

(3)現在會對猥褻表現實行處罰的原因，在於猥褻物會激起性的思想、感情或欲望，而非因為猥褻物會造成反社會的行為。

基於以上的理由，法蘭克法官認為法律對於猥褻的規範與憲法所保障的言論自由似乎有所牴觸。他認為若法律之前提在於規範言論以及出版的自由，其處罰的出發點應在於，該表現內容可能造成恐慌或者有高機率引起反社會行為，因此政府必須證明該表現已經符合此條件，才能進行處罰。

面對這個疑問，最高法院則將論點集中在以下幾點來審理案件：一、猥褻表現是否適用第一修正案所保護的言論範圍；二、與猥褻表現規範相關的法律文字欠缺明確性，恐違反美國憲法第五修正案、第十四修正案中對於適法性（即合法性）程序的保障。在此，原先被認為當然應受規範的猥褻表現是否受言論自由保障，以及是否符合相關適法性程序的問題，才終於正式受到討論。

不過，法院最終仍然給出「猥褻表現為合憲」的結論。理由如下：

(1)猥褻表現毫無任何社會的重要性，故不屬於第一修正案保障的言論出版之自由。

⑵猥褻表現既然不受到憲法的保障，自然不需探討是否構成具有「明確且立即的危險」的問題。

⑶猥褻表現屬於帶有追求色情趣味的性元素產物，且具有引起淫穢思想的傾向。因此，它不能成為否定藝術、文學、科學等著作中的性表現，受憲法保護的確切根據。

⑷若猥褻表現規範符合上述的判斷基準，則不違反其憲法之適法性程序。

意思就是：色情作品與文學或藝術不同，既然其對社會的貢獻無法蓋過其帶來的弊害，就沒有受到憲法保障的必要。而既然「猥褻表現」不屬於言論自由的範圍，就也沒有進一步探討猥褻物是否具有「明確且立即的危險」的必要了。

如果在羅斯判例中，猥褻物被認定為具有「明確且立即的危險」的存在，那猥褻表現規範可能必須就色情作品對社會造成的危害，進行客觀的調查以及統計，並將其結果與數據作為參考基準。不過，由於最高法院將猥褻表現認定為非第一修正案所保障的言論自由，因此猥褻表現就與過往法官所認定的相同，持續受到公共價值觀的既有標準限制[10]。

筆者認為這件事的影響，一直延續到了現在。因為即使現在對於「猥褻」的定義已經比當時更加嚴謹，但「猥褻表現」依舊未受到言論自由的保障（就如第一章提過的，只要該表現內容被認定為猥褻，就等於違法），而在三不五時出現的規範議題中，猥褻表現也仍被冠上「會助長性犯罪」等，未經過社會調查或統計的帽子。

即便如此，羅斯基準對於性表現規範的緩和，仍起了一定的作用。「猥褻表現對於社會毫無重要性」的說法，等於間接應證了「如果該作品具有對社會的重要性，就不屬於『猥褻表現』。」也就是書中內容將能受到憲法第一修正案保障。

如此一來，「就算帶有色情，但只要對社會有重要性，就沒問題了」的標準

10　參考《性表現的刑事規範》，第一一二～一一四頁。

就變得更加明確了。當然，它同時也表示了單純的色情是毫無價值的。雖然到目前為止，透過一般常識的推論，也有過不少案例因為具有社會價值，所以未受到法律追究。然而，從首次以案例形式產生的「基準」來說，已算是一個很大的進步。

在這次審理羅斯案的九名法官中，有四名法官對於檢方的指控（羅斯有罪）抱持反對意見，其中二人主張「第一條修正案表示，所有表現皆受到保障，因此就算是猥褻表現，也是保護的對象」；另二人則指出「在無法證明猥褻表現與反社會行為有因果關係前，該規範就是違憲。」可見在羅斯案中，猥褻表現雖然確實被認定為合憲，不過那也只是一種勉為其難的概念而已。

梅莫瓦基準：只要不侵害他人隱私，「色情」無妨

在羅斯基準問世後的整個一九六〇年代，法界對於猥褻表現規範的和緩也有

持續性的進展。比如，過去曾經因為文中出現猥褻的文字或露骨的性表現，而被認定具有猥褻性的文學作品，此時就出現了因重視其文學價值，否定了其猥褻性的判決。在這段時期，像是在前面提到「全國體面文學組織」等對猥褻物施壓的民間團體，也從原本的逮捕、起訴等手段，轉變透過支援搜索、扣押、援助打官司，或是呼籲市民寫大量信件給法官等法律性的活動。這些團體改變訴求模式的時空背景，正是因為羅斯基準問世的緣故。換言之，規範的緩和也同時改變了壓力團體的戰術。

面對法院放寬性表現規範的態度，宗教人士等保守派，便透過寄抗議信件給最高法院法官、要求執法機關強化取締力度、呼籲總統有所作為等各種手段，透過法律摸索強化規範的途徑。這意味著性表現規範的爭論點，已經從基於「常識」的社會運動層面，提升到以第一修正案為主的法律解釋與適用問題。

就這樣，圍繞在性表現規範的司法與相關團體之間，所產生的緊張逐漸高漲後，一九六六至一九七三年間，終於發生了促成新基準產生的梅莫瓦案[11]。

被認為是猥褻表現爭議中最具代表性的作品《查泰萊夫人的情人》，其猥褻性質在格魯夫出版社（Grove Press）的案件[12]中受到討論，並於一九六四年聯邦最高法院的判決中遭到否定。從此之後，只要被認為是具社會價值的作品，就不能以猥褻的理由，適用於聯邦的禁郵處分了。至於格魯夫出版社案，則是格魯夫出版社與讀者訂閱公司（Readers Subscription）要求郵寄配送無修正版的《查泰萊夫人的情人》，可以不受到聯邦法禁止猥褻物品配送的措施限制。兩公司更向法院提出申請，請法院作出宣言式判決，表示該出版物非屬猥褻書籍，故不符合法律所規定限制配送的條件，若禁止此書籍的配送，將侵害合眾國聯邦憲法第一及第五修正案，所保障的原告之權利，而此申請後來成功受到認可。

此外，在一九六六年的梅莫瓦案讓《芬妮希爾：一個歡場女子的回憶錄》被聯邦最高法院認定為非猥褻品後，也連同影響了帕特姆出版社案[13]。該出版社因為在一九六三年出版該書，而觸犯麻薩諸塞州猥褻規範條例。但在梅莫瓦案後，該書自一八二一年起，在麻薩諸塞州被認為是傳統、典型猥褻刊物的形象也得以翻轉。自此之後，《芬妮希爾：一個歡場女子的回憶錄》便成為判斷其他作品猥褻與否的基準，使鬆綁猥褻規範的步伐向前跨出了一大步。

梅莫瓦案件所歸納出的猥褻性判定基準如下：[14]

(1)羅斯案中所提到的猥褻定義，必須滿足以下三個條件：

(a)其作品的主題或者整體內容，皆為與性有關的好色興趣。

(b)性表現與社會整體的標準有所違背，具有明顯令人感到嫌惡的內容。

---

11 參考文獻：A Book Named "John Cleland's Memoires of a Woman of Pleasure" v. Attorney Gen. of Massachusetts. 383 U.S. 413 (1966).

12 參考文獻：Grove Press, Inc. v. Christenberry, 175 F. Supp. 488 (S. D. N. Y. 1959).

13 參考文獻：Larkin v. G. P. Putnam's Sons, 14 N. Y. 2nd 399, 200 N. E. 2nd 760 (1964).

14 參考《性表現的刑事規範》，第一四六頁。

(c)不具任何可取的社會價值。

(2)但，就算是被認定有社會價值者，亦不能立即完全否定其猥褻之性質。必須依照當時該書的製作或販賣狀況，判斷該書是否受到憲法的保護。

(3)若該書目的在於展現色情癖好，且使用於營利目的，則可視為完全排除該書價值（對社會的重要性）之根據。

此處所示之基準，比起前例可說嚴格不少。不過九名法官之中，只有三名同意該基準。其他法官提出的看法中，多數在於「該物之社會重要性不應以獨立的要素來判斷，而須與刊物引起人們的好色心或者厭惡感來一同判斷」，以及「(a)、(b)、(c)等基準，結果只是判斷者如法官或陪審團的主觀決定，並無客觀標準」等異議。但是，即便法官之間有此異議，但《芬妮希爾：一名歡場女子的回憶錄》被認定為「非猥褻作品」的結果，仍在當時引起了一股騷動。

除此之外，這個時期也有為特殊的性嗜好者製作的作品，但就算是針對這些群體的販賣行為，也曾因為「作品的主題或者整體內容，皆為以與性有關的好色興趣」，符合了羅斯基準「主張色情興趣」而被認定為猥褻物，如一九六六年密修金案[15]；或者因為該出版品的販售方式而被認定為猥褻物，例如：一九六六年的金茲堡案[16]。

一九六〇年代末期，正好也是美國社會更加重視隱私權的時期。當時，一名叫做史奇華特的最高法院法官，就在前述的金茲堡案件判決中，提出了令人玩味的反對意見：

---

15 參考文獻：Mishkin v. New York, 383 U.S. 502 (1966).

16 在判斷猥褻性問題時，作為「為了引起顧客的性興趣，而將使用了色情文字、繪畫或照片的物品進行大範圍宣傳與供給的販賣行為」（Pandering）之一環，我們認定與出版物的製造、販賣證據擁有關聯性。做出此判決的理由，是因此觀點援引對內容採取中立立場的折衷審查標準，認為應該被限制與規範的是「手法」而非「內容」，以此來為猥褻規範問題提供正當化之依據。——Ginzburg v. United States, 383 U.S. 463 (1966)

強加該出版物於不想接觸到該出版物的個人身上，或將此人暴露於該環境中，造成其迴避困難，甚至是無法迴避的露骨手段或強加於人的手法，視同侵害到該人隱私，若有此情事發生，則屬憲法其他層面之議題，應另行討論之。（中略）法律對於已經給予充份情報，卻無法進行明確選擇的非成熟之人，即便其影響可能有限，仍有另行考慮之必要。[17]

我個人認為，這應該就是正當化性表現規範最為適當的理由。也就是說，以會侵害到他人的自律行為（廣義的隱私）的方式所發表的性表現物品，才是應該受到限制的。

相反地，以隱私權的觀點主張性表現規範應有限制的例子，有一九六九年的史丹利案可參考[18]。史丹利因被懷疑出版相關猥褻圖書，而遭到警察持搜索令搜索，不過，在其家中幾乎找不到出版活動的證據。但因為警方在其抽屜中找到記錄猥褻畫面的八毫米底片，史丹利以違反喬治亞州的猥褻規範法為由，而遭到逮捕。對此，史丹利主張警方對單純存放於私人空間的物品之情事進行處罰，是屬於不當侵犯個人自由與隱私。

對此，聯邦最高法院認為，性表現的規範並非針對個人的道德水準，而是以是否侵犯到他人等社會上的影響為考量，因此，喬治亞州法將非以公開或販賣為目的之單純持有定罪，侵害了美國憲法第一修正案所保障的個人精神上的自由，故違憲。

所謂的「單純持有」，是指只要持有屬於色情作品的猥褻物就會受罰的概念，先前在日本也曾經討論過。在史丹利案的判決中，「按第一修正案之規定，州政府無權指正個人在家裡等私人空間中的行為」；「從第一修正案的精神來看，州政府並無權控制個人思想中的道德」，這些明確地確立了在私人領域的個人行為或表述內容，不應受國家干涉的立場。

17 參考文獻：Ginzburg v. United States, 383 U.S, 463 (1966) at p, 498 n. 1.

18 參考文獻：Stanley v. Georgia, 394 U.S. 557 (1969)

米勒基準：性表現規範的大倒退

在這樣的趨勢下，經過一九六〇年代，對於已經擁有性經驗或對性經驗有所期待的成人讀者來說，原先打壓性表現的理由已變得難以維持。主要是因為一九六七年的雷德魯普案[19]中，法院否定了明顯非屬文學作品，而清楚帶有色情內容之出版物的猥褻性，使得後來的一九七〇年代，不斷發生了引用雷德魯普案例作為依據以否定性表現之猥褻性的判決。該案件也使得聯邦最高法院在處理紐約州、肯塔基州、阿肯色州三州，以販賣色情出版物為由而認定有罪的三個案件時，需要同時判斷這些案件中的色情作品是否符合刑法學上之「猥褻」。雖然法官們的見解在幾個方面上各不相同，但作為核心問題的色情作品最終並不符合「猥褻」定義，而受到第一修正案的保障。

另外，在這些判決背後的社會理由，則是一九五〇年代以後，出現了與大眾性行為相關的實證性研究報告，其中認為性欲、性的情感，乃至大部分的性行為，都屬於人類生活的一部分。這類報告產生很大的影響，讓人們開始認為這在社會上並不會造成什麼問題。關於這點，本書將在接下來的章節中詳細介紹。

聯邦最高法院雖曾打算將性表現規範的規定範圍，盡可能地予以限縮而設計了一些理論，但他們在羅斯基準所揭示「非憲法第一修正案所及的表現類型存在」的意見上並未獲得共識。如方才所提，只要「規範成人間的性表現並無正當理由」的認知傳開，隨即就會出現應該禁止對性懵懂的未成年人接觸性表現的意見。

例如：一九六八年的金茲堡案[20]（雖與前述一九六六年的案件同名，但實為不同案件）所提出的基準，就是一個典型案例。紐約州州法認定販售裸體雜誌給未成年人的行為屬於違法，但判斷這條法律是否牴觸第一修正案，就是這個事件的重點之一。內容雖然有些長，但還請容我進行說明。

---

19 參考文獻：Redrup v. New York, 386 U.S. 767 (1967).

20 參考文獻：Ginsberg v. New York, 390 U.S. 629 (1968).

(1)紐約州法律的規定是，不禁止店家陳列該類雜誌，或將其售予十七歲以上的人。因此，以未成年人為標準，來制約成年人的表現自由是為違憲，與先行之判例並無牴觸。

(2)紐約州法律的規範，不得侵害憲法保障之青少年的自由。紐約州僅是為貼近（青少年的）社會現實來調整「猥褻」之定義，而此調整之權限，明確隸屬於州。

(3)青少年的福祉為憲法、州之規範權限的管轄事項。只要立法州合理地認定判定涉及性表現之事項可能有害於未成年人，則該項規定在鑑於下列兩者利益時為正當者，可行之。

(a)為確保負有青少年的福祉最根本責任之雙親或其他代替者，所負擔其應有之責任，而接受國家援助之利益。

(b)針對青少年之福祉的國家固有利益。

(4)由於猥褻表現不受憲法保障，故可排除「明顯且立即的危險」而規範之。

因此，只要州的立法機關，認定讓未成年人接觸該物品為「有害」之判定無不合理，則州得以對猥褻表現進行規範。

雖然「猥褻」表現仍然不屬於言論自由，但我們能夠看出，為了讓販賣給青少年的色情作品能被納入「猥褻」的範疇，人們為它冠上了各式各樣的條件。例如：雖然在店裡販賣色情物不違法，但販賣給未成年人的話，就會違法。除此之外，個人認為還必須注意的是，它的前提中有所保留的部分：「立法機關認為未成年人接觸性表現可能有害的判斷，必須合理。」

雖然人們逐漸放寬了性表現的規範，不過就在尼克森總統於一九六九年初就任後，美國社會又再次趨向保守，由政府帶頭朝強化性表現規範的方向前進。接著，抱持自由主義傾向的最高法院的法官們也在這時退休，於是尼克森總統便成功將四位保守派的法官送進了最高法院。就這樣，發展到一九六〇年代前的自由主義判例理論，又再次倒退[21]。

舉例來說，在一九七一年的雷德爾案[22]與一九七三年的帕里斯案的判決[23]中，就被指出「即使是只有想享受該物的人能感覺到享受，若這樣的狀況會損害社會的性表現情感，引發環境惡化之疑慮，則可通融州的性表現規範。」這些判決，皆一反過去「從個人隱私的角度來說明性表現規範」的傾向；過去的措施，是從想要享受性表現的人，與不想要讓他人接收到，以及不想要接受這種內容的人之隱私利益觀點出發，但與這次判決相反的，可說是將享受性表現的隱私，盡可能地限縮了其解釋的空間。

這樣的趨勢，後來一直延續到了一九七三年的米勒案判決[24]，而米勒案判決所決定的基準，直至今日也仍受到援用。米勒案是一個並未要求，卻收到以郵務方式送來成人廣告的人控告廣告商米勒公司的事件。審理過程中，該廣告被州法院裁定為違反州法，於是米勒公司再上訴至聯邦最高法院，請求審理州法院判決的合憲性。對於此案件，聯邦最高法院提出了一個新的猥褻判斷基準，並取消之前的判決，駁回給州法院[25]。此案件判決之裁判要旨如下所述：

(1)羅斯案的判決，將猥褻表現推定為「毫無可抵銷的社會重要性」。而在梅莫瓦案的判決時，則變更了基準，將「全然欠缺補償性之社會價值」的舉證改由檢察官負責。然而，這是一項在實務上不可能達成的要求。

(2)米勒事件時，法院根據以下基準，提出了猥褻表現規範的容許範圍。

(a)若作品整體在於表述色情癖好，則須以當代社會共通的標準，判斷是否為大眾所接受。

(b)該作品是否以一種顯然令人作嘔的方式，描繪或表述符合州法律所具體

21 參考《性表現的刑事規範》，第一八六～一八七頁。
22 參考文獻：United States v. Reidel, 402 U.S. 351 (1971).
23 參考文獻：Paris Adult Theatre I v. Slaton, 413 U.S. 123 (1973).
24 參考文獻：Miller v. California, 413 U.S. 15 (1973).
25 參考《性表現的刑事規範》，第二〇八～二一一頁。

定義之性行為。

(c)從整體進行評價時，作品是否缺乏重大的文學、藝術、政治或科學價值。

(3)以下為以上述的(b)為基準，所作的州法定義。（後略）

(4)在判斷標的作品是否猥褻時，「當代社會共通標準」並不要求使用全國標準。

(5)言論出版自由必須是成就國民期望的政治、社會變革，或是確保思想的自由交換才能被認可。因此，目的在於性快感或營利的性表現，與第一修正案的宗旨無關。

在這裡，(a)、(b)、(c)的內容，即「米勒基準」。米勒案的判決，將梅莫瓦基準中「若存在某種社會價值，則受第一修正案保障」的規定設定得更加狹隘。也就是說，米勒基準要求的不是模糊的「社會價值或重要性」，而是要求必須在文學、藝術、政治、科學四領域的任一項當中，存有重大的價值。

另外，(a)的基準與(4)的判定，並非是以過去陪審員的判斷中那種曖昧不明的「共通標準」，作為全美國的共通標準，而是加入審理地區的標準，加強限制[26]。(b)基準的宗旨，則以當時存在於州法，用來規範與性有關之行為的刑事立法為前提，來加以具體規定違法的性行為類型，也明確地表示，確實存在不受第一條修正案所保障的「猥褻表現」。

因為米勒案的判決，是針對對想要享受性表現的人與不想看見性表現的人，而性表現規範作為協調這兩者間的隱私法理發展便宣告中斷。接著，國家更以過去的**梅莫瓦**基準為準則，朝向更接受性表現規範的方向前進。

雖然在米勒案件判決之後，也同樣出現了與性表現規範相關的重要判例，但是由於內容過長，所以在回顧美國聯邦最高法院案件的部分，我打算在此告一段

26 在持續延燒的漢姆林案（Hamling v. United States 418 U.S. 87 (1974).）中，法院容許所謂的「共通標準」，非指州的整體普遍基準，而是以陪審員的出身群體，或者是其群體周遭的想法來作為判斷核心。

落。若要附帶一提，我認為在採用了米勒基準後，現實社會的性表現規範，似乎未有太大的強化[27]。雖然米勒案的判決，在判例上造成退化到梅莫瓦基準以前的情況，但由於社會中實際的性規範「常識」，早已不如以往嚴格，所以要推進並超越現狀來強化規範，實際上或許仍有困難。

27　參考《性表現的刑事規範》，第二三四頁。

二、性表現真的有害嗎？

本書到這裡為止，已介紹了司法從擁護美國憲法第一修正案的立場，努力將性表現規範盡可能限縮的過程。而以下，我將針對性表現規範的根本依據，也就是與性表現之違害的相關實證研究來介紹。以下介紹的各種研究，雖然都在煽動推進規範派的危機感、刺激其活動的活化；同時也促進市民對相關議題的理解，並促使司法的判決更加理性的效果。

為性規範觀念帶來影響的研究——原來色情的不是只有自己而已

接下來我打算介紹一個與性表現之違害相關的先驅研究，也就是西奧多·施羅德（Theodore Schroeder）律師於一九一一年公開出版的《「猥褻」文學與憲法》[28]。順帶一提，西奧多．施羅德在一九〇二年於紐約設立了「自由言論協會（Free Speech League）」，也就是打下日後「美國公民自由聯盟（American Civil Liberties Union）」基礎的人物。在他的公開著作中，提到了：

> 在沒有造成實際危害時，言論自由皆受保障，因此限制了沒有實際危害的猥褻表現的聯邦郵政法與州法律，都牴觸美國憲法第一修正案而無效。此外，規範法並未明示猥褻的判斷基準，亦違反憲法的正當法律程序條款。追根究柢，所謂的猥褻性，並非靠該表述內容之客觀性質判斷，而是應視大眾讀者之主觀決定。因此，不管如何訂立判定基準，也無可避免因判斷者其判斷結果的關係而莫衷一是[29]。

在一九一一年這階段中，該書可說是領先後來圍繞於性表現規範的討論，並提出結論的先驅研究。不過，直到第二次世界大戰之後，這類研究才真正具有力量。

第二次世界大戰後，一九四八年，阿爾弗雷特・金賽的《男性性行為》出版，為性表現規範帶來強烈影響。一九五三年，他更出版了《女性性行為》，這對於信賴宗教團體所主張之規範水準的一般市民而言，成為了一種標示出運作於現實平民生活中的平均規範標準。於是，美國社會對於性的一般認知產生巨變，也只是時間早晚的問題。

金賽的書籍，是透過訪問的方式來分析人們性行為的學術文獻，並不是寫來給普羅大眾閱讀的讀本。但是，《男性性行為》的銷售量居然多達二十五萬本。可見當時美國人，是多麼想要拿隱藏在自己心中的性規範，來與其他人的規範做比較。也就是說，當時的人們都抱著不安的心情，認為「聽過宗教團體的說法後，總覺得大家對性的態度非常嚴謹，不知道是不是只有自己這麼色……」的

---

28 參考文獻：Theodore Schroeder, *"Obscene" Literature and Constitutional Law*, California Digital Library, 1911.

29 參考《性表現的刑事規範》，第五十二頁。

想法。

金賽報告（即《男性性行為》與《女性性行為》的合稱）中提到，在美國社會中，實際上普遍有婚前性行為，並且被認為偷情或同性戀的「反社會」性行為也不在少數。這樣的內容，為社會帶來了衝擊。那些與性行為有關的報告，受到了在性道德上採保守立場的人們的激烈批判；而主張規範性表現的人們，則以本報告為根據，更進一步強化規範推進運動。

圖為阿爾弗雷特・金賽
（一八九四～一九五六年）。

雖然，現在對於這兩本書的學術可信度或金賽分析上的中立性，仍然存在許多疑問，但是在當時有許多一般讀者，都已接受該調查結果為事實。這個時期的美國社會，人們已不再懷疑其內容是捏造或是怪異文書，也就是說，金賽報告對於一般讀者而言，可說是帶有真實性的報告[30]。想必，應該有許多人因為「原來色情的不是只有自己！」，而鬆了一口氣吧。

政府委員會公布的性表現規範相關報告——報告書出乎意料地冷靜

接著，我們再來看看在這種社會變化下，規範推進派的活動又有什麼變化吧。一九六〇年代中期，是一段因為雷德魯普案與史丹利案判決，而放寬性表現規範的時期，也是一段讓「全國體面文學組織」強化其組織制度的時期。同時，前面提過的「媒體道德組織」，也是在這時發展為全國性組織。

這些團體、宗教家、規範運動家以及保守派的議員們，自一九六〇年代初

30　參考《性表現的刑事規範》，第九十二～九十三頁。

期，就不斷試圖說服當時的詹森總統設置一個管理性表現規範的委員會；另一方面，「美國自由人權協會」則持續抵抗這類強化規範的活動。

到了一九六八年，面臨當時放縱的文化狀況，「應該施加某些性表現規範」的見解，成了聯邦議會的多數意見。在這種風氣下，議會首先著手的，並不是以規範為目的，而是就性表現影響個人與社會的部分進行檢視，從而設立更具中立性且一般性的委員會。如此成立的委員會，是在針對性表現與反社會行為之間的因果關係進行徹底的研究後，以提出有效處理性表現流通的手段為主要目的。因此，委員會的成員並非全都是對規範懷有好感的法律執行者，而是包含了多種領域的研究人員[31]。

而贊成強化規範的人們，相信這委員會一定能夠發現、整理出與性表現有害的相關科學證據，並提出建議推動強化規範的報告書。這個委員會使用了兩百萬美元的預算，就性表現的社會影響徹底進行了為期兩年的研究調查。該研究結果於一九七〇年彙整為《猥褻與色情製品委員會報告書》[32]，並呈至總統與議會。

不過，這份報告書完全背叛了推進規範派的期待。因為委員會建議的，並非強化規範，而是將性表現物售予合意之成人的行為除罪化，縮小了處罰範圍[33]。

不過，這份報告書在另一個層面上推動了規範強化，卻也是事實。之所以會這麼說，是因為此報告書確實證明了性表現，對於「合意的成人」是無害的；反而帶來對「不合意的成年人」與「未成年人」強化性表現規範的傾向。

其規範的要點如下：

---

31 參考《性表現的刑事規範》，第一七九～第一八〇頁。

32 參考文獻：Commission on Obscenity and Pornography, *The Report of the Commission on Obscenity and Pornography*, BantamBooks, 1970.

33 參考文獻：*Ibid.* Part II, IV "Recommendations of the Commission". 三島聰《性表現的刑事規範》，第一八八頁。

(1)幾乎所有青春期的人都會接觸到性表現[34]，但在性教育並未充分實施的狀況下，將導致傳達給未成年人的性知識不夠齊全[35]。

(2)過半數的成年人認為，不論是何種內容，自己都擁有接觸性表現的權利，同時卻又希望禁止未成年人接觸某些類型的性表現[36]。

(3)廢除禁止對合意之成年人販賣、展示、發布的性表現的法律，相反地也必須制定保護未成年人與不合意之成年人的規範法律。就未成年人的規範來說，對於未取得其雙親或其他監護人的同意，就以營利為目的提供未成年人性表現物品者，可以制定處罰法律[37]。

接著，合理化規範(3)的原因，則如以下所示：

當今還沒有實證性的研究，能夠證明性表現會對未成年人造成危害，雖然這點在成年人身上也是一樣，但是將未成年人當做實驗對象，則會有倫理上的問題，也沒有十足的證據，讓人能提出性表現對未成年的影響，與其對成人的影響有相同且明確的結論。但是，大多數的國民仍抱持著未成年人不應接觸到特定性表現的看法。在經過這些考量後，我們仍保留未成年人在法律上的性規範。但是，對於未成年人的保護，應委交其雙親判斷，並透過國家來幫助雙親控管未成年者接觸性表現的型態來立法，才為妥當[38]。

然而，報告書的基本邏輯，是依循將個人隱私置於性表現規範基礎上的，雷德魯普案與史丹利案之判決思維，以宏觀的角度來認定性表現為無害。因此這份報告書，受到了來自當時轉為保守的議會的猛烈責難，導致該內容並未能反映在

34 參考文獻：*Ibid*. Part I, I, "B. The Comsumers Young People's Experience with Sexually Explicit Materials".

35 參考文獻：*Ibid*. Part I, ILI, "A. Sex Education"

36 參考文獻：*Ibid*. Part I, IV, "D. Public Opinion Concerning Restrictions on the Availability of Explicit Sexual Materials".

37 參考文獻：*Ibid*. Part II, II, "Legislative Recommndations".

38 參考文獻：*Ibid*. Part II, II, "B. Satutes Relating to Young Persons". 三島聰《性表現的刑事規範》，第一九〇頁。

政策與法規上[39]。但是，也因為有了這份就性表現的無害性，做出如此明確證明的報告書，使得之後主張對成年人進行性表現規範的意見大幅失去立場。

「未成年者」——性表現規範的最終堡壘

如同前面提到過的，即使經過米勒案之後，性表現規範在實際運用面上也並未受到強化。除此之外，即使最高法院的判決認可嚴格的性表現規範，事態也沒有改變，這讓保守的一九八〇年代政權與議會感到不滿。不過，既然成年人的性自主權思維已經廣泛地扎根在社會中，那麼想要強化對成年人的性表現規範，也只會是困難重重。

但是，就如同《猥褻與色情製品委員會報告書》中能看到的，社會就「青少年」的性表現規範，其實大多表示認同。這讓保守派認為，如果能「健全」地培育青少年，那麼總有一天，社會的性表現規範會再度受到強化，也將再度變更以社會一般認知為基礎的法律。

因此，後來的性表現規範就變成專門以「保護青少年」為理由訂立。比方說，為了讓性表現不出現於不合意之成年人與未成年人的視線中，法院認可了城市分區法[40]；又例如：為了避免青少年接觸節目中的性表現，而認可了比過往更為嚴格的內容規範[41]。

更具體地說，其實到了一九七〇年代後期，「兒童色情」的問題才真正被正視[42]。在這之前，例如：對女性普遍的道德保護，一直是以女權主義的論調來主張女性受到性表現的侵害，然而，只要在色情物中登場的女性是「合意之成年

39　參考《性表現的刑事規範》，第一九二～一九四頁。

40　參考文獻：Young v. American Mini Theatres, Inc., 427 U.S. 50 (1976), City of Renton v. Playtime Theatres, Inc., 475 U.S.41 (1986).

41　參考文獻：FCC v. Pacitica Foundation., 438 U.S. 726 (1978),

42　參考《性表現的刑事規範》，第二三五頁。

人」，想要以保護女性為根據來推動性表現規範，就也很難站得住腳。於是，代替它成為眾矢之的的，就是牽涉到未成年人的性表現（當然，此處指的是牽涉到真實未成年者的色情作品）了。

當然，在「涉及未成年人的性接觸表現」與「將未成年人作為性表現的對象」兩者上有很大的差異。不過，此處的重點在於，性表現規範的問題，概括範圍由「女性」移轉到「未成年人」後，便造成整體的狀況從過去原先不被視為性表現問題的部分，突然轉換為在性與性表現規範之中，最受到關注的對象（反例就是，維多利亞時期以作品有無陰毛，來判別是否屬於色情的狀況。無陰毛＝無色情；有陰毛＝色情）。

於是，在一九八〇年代，各地紛紛制定出兒童色情規範法。在這些兒童色情規範法中，有三分之一以上並未要求充實猥褻性的判斷基準，只要單純涉及讓渡行為就會受到處罰。結果想當然耳，這些規範是否違反美國憲法第一修正案，又再次產生爭議[43]。

而幫兒童色情規範的合憲性設定基準的，便是一九八二年的法伯案[44]了。販售十六歲少年自慰影像的色情書店經營者法伯，因為違反紐約州法中，禁止頒布表現（express）青少年廣義性行為物品的法條，而遭到起訴，但是紐約州最高法院認為，該問題影像並未構成米勒基準所定義的「猥褻」條件，表示法伯的行為受美國憲法第一修正案保障而獲判無罪。然而，此案之後送到聯邦最高法院，聯邦最高法院對此案件進行討論後認為，兒童色情屬於猥褻表現中被排除的部分，因此，不受第一修正案所保障的言論自由之範圍，故認定對法伯的處罰行為合憲。其理由如下：

⑴維護青少年的肉體、精神健全發展，是州責無旁貸的責務。

⑵讓渡描繪青少年性行為的照片或電影的行為，視同對青少年的性虐待。

43 參考《性表現的刑事規範》，第二三五～二三六頁。

44 參考文獻：New York v. Ferber, 458 U.S. 747 (1982).

(3)兒童色情之廣告、販賣，為製作該物提供了經濟方面的動機。
(4)將兒童色情排除於第一修正案之保障外，並不與先例有所矛盾。
(5)作為規範之要件，必然條件為「使用視覺方式表現青少年之性行為」，不需視整體的主題上，是否可引起好色興趣，或是招致厭惡感等。

在這裡必須留意的是，兒童色情規範並不以其整體內容的評價作為基準。此規範的架構，明顯體現了兒童色情之所以會受罰，並非是因為性表現，而是因為其中的虐待情節。不過，從第三點的理由（經濟上的動機）中，可以知道當局認為，會誘使虐待行為出現的，並不是兒童色情本身的內容，而是容許該色情表現的市場。若從這個觀點來看，即使會促使建立、擴大兒童色情市場的表現本身並不符合虐待表現，仍將其作為規範對象，也就帶有正當性了。

另外，法伯案中也定義了什麼叫做「對青少年有害的表現手法」，但有人認為這正當化了比成人更大範圍的表現限制；其定義如下。

所謂「有害青少年的表現」，即猥褻表現，以及下述：

(1)在整體上，引起對青少年之裸體、性行為，或者排泄行為相關的性好奇之表現。

(2)若該表現從「何者適合青少年」的觀點來看，屬於侵害性的方法，不論是否為普通或變態的行為、是實際行為或是演技、是否為性虐待行為，或是其他異常行為，只要本質上有進行表現、提示或記述性行為，或者以淫穢的方式來暴露生殖器、陰部、臀部，或是性成熟的女性胸部，即屬之。

(3)整體上對青少年欠缺正經的文學、藝術、政治或學術價值者。

與之前定義出「猥褻表現」的米勒基準相比，我們也能比較出，對於青少年的規範涵蓋範圍相當廣泛與全面。

對於以真實存在的青少年為表現對象作品的部分，我認為，雖然製作過程的確有可能符合虐待的條件，但是，在法伯案中被視為問題的，不僅僅是「將真實存在的青少年當作性對象」的表述內容，還包括了「青少年接觸到性表現」的部分。直覺來說，我也同意向青少年提供露骨的性表現作品會讓我們大人有所遲疑。但是，後者的規範根據：「與成熟的大人相比，青少年較容易遭受性表現的傷害」卻沒有任何證據[45]。實際上，就連先前所介紹的報告書，也承認「並沒有研究證實，性表現對未成年人來說是有害的」。就我個人認為，這根據只能說是來自於大人們自身的見解而已，也就是「自己接觸到性表現無妨，但是對於青少年而言則有不妥」。

最先為猥褻訂出標準的，一八六八年的希克林基準中：「因為猥褻表現，會使容易受不道德事物影響的人們墮落、頹廢，所以要進行規範」我們應該注意的是，其中要規範猥褻表現的理由，為何會一再出現。

希克林基準或許是將勞動者階級與女性假設為「容易受到不道德事物的影響」的人，而在逐步提升勞動階級與女性政治地位的過程裡，這兩大群體則主張，並自認自己並不會因為接觸性表現，就降低自身道德水準。這個現象，與他（她）們的市民權逐漸擴大的過程，是同時進行的。

但是，青少年很難在現在或將來，以政治主體的身分來為自己主張。到頭來，青少年還是難以避免被置於雙親（或者監護人）的「庇護」下。我認為，這些才是現在的性表現規範中，未成年人、青少年、兒童經常成為爭論焦點的真正理由。在表現規範的必要性根據上，「保護青少年」一直是無能攻克的要塞堡壘。

人們總容易認為：「我接觸非道德的事情也沒關係，但是，其他人在遵守道德、規範上，與我相比較為鬆懈，所以應該要限制產生不良影響之疑慮的事物，來保護其他人。」而這種思考模式，恰恰與維多利亞時代的人們相同，一方面以

45 另一方面，其中也未提出不容易受到性表現傷害的證據。即使是先前提到的《猥褻與色情製品委員會報告書》，也表示對未成年群體，進行性表現相關調查或採訪的行為受到限制，因此無法提供足以信任的結果。

高道德標準要求其他人，一方面在現實中卻過著雙重標準的生活。說明了這些人從不會認為：「其他人也跟我有相同程度的道德水準。」所以，他們自然深信：「就算我接觸這種程度的非道德事物，不會有不良影響；但是，對其他道德低落於我的人而言，要排除這類事物的不良影響，十分困難。」

三、第五章總結

此處我們再來整理本章談論的內容吧。

如同在前一章所提過的，在議會、宗教派系的民間團體與女權解放運動團體推動性表現規範的過程中，是司法守護了言論自由。司法面對世人見解的變化，或者是在上流競爭的舞台上較勁道德優劣的情緒拉扯，總是與其保持距離，始終倚靠受憲法語句所局限的邏輯性、傳統見解，戰戰兢兢地在世代潮流的變化中摸索前進。所謂的司法，本質上就是這種謹慎的理性思維。

直至一九六〇年代為止，司法都視性表現為猥褻要件，並對於性表現是規範對象的見解不太產生懷疑。但是，從一九六〇年代開始，人們重新思考司法中性表現規範的根據。也就是說，問題在於，人們對照言論自由原則，「若是沒有具體的危害，便不能對其加以抑制」時，無法從性行為或者性表現中找到有害之處。既然如此，司法逐漸放寬性表現規範的做法就很恰當。這類認為性行為與性表現並不存在危害的見解，透過從二次大戰後逐漸出現的學術研究而補強。在這個意義上，可說是一九七〇年代初期，結論就已經浮現。

然而，在整個一九七〇年代，輿論逐漸轉趨於保守，性表現規範再次有被強化的傾向。儘管如此，社會的實情超越了政府的公權力與司法判斷，讓實際的規範強化並無進展，因為，若是性表現不會對成年人產生危害，那麼理論上要予以規範就有困難。於是，剩下的領域，就是絕對無法成為政治主體來為自己發聲的青少年、未成年人、兒童，所以焦點才會轉而集中在性表現規範的最終堡壘——未成年人、青少年、兒童之上。

第六章

日本篇——日本的色情表現規範史

一、結論

關於「色情就是不行！」的主張到底是否有所根據，本書進行了一連串探討，至此也終於要進入尾聲。本書在開始進行相關研究時，並沒有預期到會做出這樣的結論。將西方法律中的「色情」提升到犯罪層級的關鍵角色，不可否認地就是以基督教為主的團體。基督教的教義曾是社會上的共識，而性規範也可以說是社會上的共識，因此，我認為性規範跳脫出宗教規範，昇華為社會制度的現象，其實並不令人驚訝。

另外，在建構打壓「色情」的社會制度時，基督教的教義只是個起點，逐漸地衍生出新的社會階層，相關教義也進一步成為強化這個階層結構的工具。先前也說明過，性的自由本身就是一種權力象徵，獲得性的自由，就等於擁有權力。換句話說，隨著這種權力從部分擁有特權的男性逐漸釋放到一般男性，以及逐步開放女性參與政治的權利，民眾在性方面的自由也隨之擴大。但在人類群體中，有所謂青少年（未成年）群體，他們至今——甚至是今後都不能參加政治，也因此他們持續被排除在性的自由之外。就算到了現在，以青少年（未成年）為主的性表現規範，仍不斷被視為社會探討的議題。

若再說得白話一點，或許就是：

「（我有理性的判斷能力，因此有點色情的想法沒什麼關係；不過，對於沒有跟我一樣有判斷力的他人來說）色情（因為會讓他們墮落，所以），就是不行！」，而被歸類為「和我不同」的一群人，也提出了「我們也是擁有理性判斷能力的啊！」的抗議，這些衝突經過一連串的政治演變後，性規範終於逐漸鬆綁。

若是如此，因為擔心性表現會成為社會道德頹喪的原因，而加以規範，就等於是假設了「欠缺理性判斷力」的群體（更別說連該群體是否真實存在都不知道），會因為不當的性表現，而採取反社會行為，所以才限制了相關的言論自由。這樣的發展會讓人懷疑是否過度限制，也不足為奇。我個人認為，既然性本身並無害，那就算不對性表現進行規範，也不致於擴大反社會行為的產生；只有用違反性表現規範的手段，讓這種「被社會創造出來的反社會行為」，不再存在，也許才是真正有效減少反社會行為的方法。

二、補述——日本的色情表現規範史

本書雖然應於此處作結，但最後我們還是再對日本的色情表現規範歷史做一個概觀。不過，若要徹底探討日本的色情表現歷史，又將是一本書的分量了。因此，這裡頂多只是以「補述」的形式來進行。補述的前半部，多是依據市川茂孝《日本人是如何思考性？》[1]中的內容。

生殖與男女關係的基礎——母系社會與父系社會

子女的誕生，是男女性交的結果，這是我們現代人普遍的常識。不過在十九世紀末，這個常識在當時只是一種經驗法則，並沒有科學上的事實根據。也就是說，在「發生學」的領域，現在我們所理解的生殖過程，是在顯微鏡改良、人類可以觀察受精胚胎的成長後，才受到科學確立的事實。關於基因的研究，則又是二十世紀中葉的事了。

古代社會最普遍的見解是：「女性到達一定的年齡後，身體發展成熟，就能生育。」至於能夠生育的原因則有許多說法，比如最常見的說法是「神靈的作用」。在人類史上最原始的狩獵採集社會中，「親子」的「親」僅指「母親」，假設有財產的話，繼承關係就是由母傳子。在這樣的採集社會中，若自然資源的供給無法滿足人類的需求，就有可能招致族群的毀滅，因此對於多生孩子這件事抱持著恐懼的心態。除了用咒術等方式祈求不要生育過多人口之外，在子女自然誕生後，若超過群體可養育的人數時，甚至有可能在其誕生後，以「殺子」的方式「處理」過多的後代，以控制人口增長。這類人口的調節法，不只在古時的日本，在世界各地都能見到。

1 《日本人如何思考性》（原文書名：日本人は性をどう考えてきたか—クローン時代に生かすアジアの思想），市川茂孝，農山漁村文化協會，一九九七年。

不過到了農耕社會，社會對於後代子女養育的態度，就與狩獵採集社會有了大幅度的不同。由於農耕社會的型態需要許多人力參與農業活動，才能提高生產力，因此，社會變得十分歡迎多多生育。而女性是否擁有高生育的能力，成為一個十分重要的評價指標。母親的財產由女兒所繼承的「母權制」，也成為理所當然的社會結構。不過，這種母系的社會結構，頂多只能成立於沒有侵略、沒有搶奪的安定社會之中。在這樣的社會中，會勃起、射精的男生殖器，其充滿生命力的樣貌被視為能帶來幸運、除災護身的形象而受到崇拜。例如：古羅馬社會就是這種社會型態的典型代表。

那麼，父系社會崛起的背景又是什麼呢？父系社會崛起的背景，大多是游牧社會，而且通常伴隨著常態性的戰爭。游牧社會與農耕社會不同，並沒有固定的財產，必須仰賴強大的領導力整合部族。其中大多數的工作，都依靠驅策馬匹在廣大的領土上移動，因此，男性自然就站上了領導者的地位。當然，在戰爭頻繁發生，透過暴力手段轉移財產的社會中，男性會成為部族的首腦，權力集中在領導者身上，也是不證自明的道理。在這類游牧及戰爭交織的社會中，群體內強壯的男性愈多，力量就愈強大，因此對於生育後代的期待，很明顯的就是男孩大於女孩。

無論是女性居於優勢的社會，或是男性居於優勢的社會，皆有其依附的背景因素。而對於性或是性行為的規範，大多是由該民族的宗教、政治與經濟體制所決定。至於男女交歡與子女誕生之間的因果關係，當時則僅限於經驗法則。因此，性與性行為，大多時候都被賦予日常娛樂的性質，未必與生殖直接相關，也不存在罪惡的要素。從古日文中意指性交的字彙「みる」（看）、「しる」（知曉）、「あそぶ」（遊玩）等字來看，也可以推測出當時的性交，其實是比我們所想像的，還要更為一般且日常的行為。

古代日本的性觀念——打從一開始就沒有純潔的概念

在日本紛爭鮮少的繩文期結束，進入彌生期後，隨著農業的導入及發展，造成了生活樣式的劇變、人口的增加，以及戰爭的頻繁發生。在戰亂期間，因為男性於戰爭死亡，除了產生許多寡婦之外，也造成了男少女多的現象。不過，女人與小孩的群體無法靠自己的力量保護自己，因此，必須尋找強壯的男性接受庇護，於是，也自然而然地形成了類似於一夫多妻的社會。這裡所說的一夫多妻，並非是指「性關係的紊亂」，而應視為在時常處於戰爭狀態的社會中，一種保障安全的社會結構。

日本在這個時期，一般多以女性祈禱師（祭司）做為宗教的首長，並以與其有血緣關係的男性為輔佐，負責實務上的首長職務，這樣的制度稱為「姬彥制」。這種制度，可以說是尊重女性，並將帶有神祕性的古代宗教，與在戰爭頻繁的社會中的軍事權力（政治）結合而成的形態。

而在戰亂平息後，中央集權的架構又再次以母系社會為主。眾所周知地，在日本平安時代，男性常會拜訪有錢人家的女兒。這種形式就稱作「妻問婚」或稱「別居婚」，我到現在仍認為這才是最合理的結婚形式。因為母親所生下的孩子屬母親所有，這點不言而喻，且這種婚姻結構，還不需要各種制度上的合理性作為支撐。

人們普遍推測，這個時期平民的性生活，應該是處於亂婚狀態。只要喜歡，他們就可以同居、性交；如果討厭了，就分開，是一種十分單純的模式。假設真的成立了夫妻關係，他們也會透過各種的宗教儀式，與其他異性頻繁發生性行為，並不會被視為問題。當然，性與純潔之間的關係，在日本可以說從來就不曾有關聯。

古代不分男女，生殖器官似乎都稱之為「と（處、戶）」[2]。《古事記》中描

2　男女性交的場面曾數次出現在《古事紀》與《日本書紀》當中。於伊弉諾與伊弉冉的性交場面中，「為美斗能麻具波比」（みとのまぐわいせむ，意指「來做愛吧」）就作為引誘性交的描述。其中「みとの

寫伊弉諾與伊弉冉二神相交的場面，就寫作「為美斗能麻具波比（みとのまぐわいせむ）[3]」，在其他文句中也以「みと（御處）」、「ほと（秀處）」來描寫性器。「御」及「秀」為形容美麗、優秀物之詞語的字首，「處」則是指性器。日文稱山峰之間的山谷為「戶」，故人體兩足間之處也稱為「戶」，可能與此有關。而其中，日本更尊重女性生殖器，因為它也有「みほと（御秀處／御陰）」的別名。除此之外，女性生殖器也被視為擁有神祕生產力的泉源，與不潔或不快的意涵完全無關，與現在可說是大異其趣。其實，一直到江戶時代，日本人對性器本身都沒有不潔或不快的想法，例如：江戶時代就稱男性器為「陽根」，女性器稱為「玉門」，都是十分優雅的詞彙。

外來文化的影響——佛教與儒家

至於六世紀傳到日本的佛教，又帶來了怎樣的影響呢？從佛教思想對於人類起源的觀點，其原本就是等價看待男女雙方的關係。佛教訓誡男女沉溺於愛欲而產生紊亂的男女關係，認為女性的魅力會妨礙男性的修行，因此要求女性遵守更嚴格的戒律，但是並不將女性視為不潔與罪惡。佛教典籍中的女性歧視，被認為是受到之後弟子所傳入的印度教的影響，因為印度教中，就帶有明確的男尊女卑思想[4]。

まぐわい」中的「み」單純只為修飾語，並無意思；而「と」則指性器官。「まぐわい」指的是「重疊、交合」，因此「みとのまぐわい」就是「性器官交合」的意思。

其他描寫性交的場面中，也有「突其美人之富登」（その美人のほとをつきき，意指「插進了那美女的陰道」）的敘述，將女生殖器稱作「富登（ほと）」。除此之外，同音字也有寫作「陰上」或單純「陰」一字的地方。身分地位較高的女性的陰部稱為「みほと」，漢字則寫作「美蕃登」、「美保土」、「御陰」都有；其餘也有像是念做「ほどころ」，而寫作「不淨」的稱呼。

3 譯注：古代不分男女，生殖器官似乎都稱之為「と（處、戸）」。《古事記》中描寫伊弉諾與伊弉冉二神相交的場面，漢字就寫作「為美斗能麻具波比（みとのまぐわいせむ＝男女神之御陰處接合）」

4 參考《佛教與性歧視》（原文書名：仏教と性差別 インド原典が語る），田上太秀，東書選書，一九九二年。

也許是受到佛教的影響，日本的建國神話《古事記》與《日本書紀》中，都是男神及女神為一組在神話中登場，並綿延產下諸神，這與西方諸國的創世神話中，很少出現女神的狀況形成明顯的對比，因為，西方一直到十九世紀為止都是男性優勢思想，西方對生殖的概念，都認為人類的胚胎原型是寄宿在精子之中，然後進入女性的體內成長而來。

因此，在日本神道之中，性原本就不帶有忌諱與汙穢的色彩。甚至，在祭祀之中還普遍存有模仿性行為的活動，希望祈求豐沛的生產力。更甚者，在這類的儀式結束之後，參加者還會進行亂交。因為這是屬於制度化的亂婚形式，在當時的社會秩序中並無任何不妥。這類儀式的痕跡至今仍留存在日本各地的許多祭典中。在西方文化中，基督教崛起前的宗教，也有不少導入性的儀式或祭禮來舉辦活動。因此，模擬男性器或女性器的神像或祭器曾十分普及，可見當時性並非猥褻或者下流之事。

傳入日本的佛教，最初只是渡海來日的「渡來人」家系豪族間私下崇拜的對象，之後才逐漸興盛，成為國家級宗教。這個時期，性並非不潔之事，加上以性做為悟道之法的密教傳進日本後，性的神祕與其受重視程度可說有增無減。而對於與性有關的表述，也就如同崇拜所謂的歡喜佛這種男女合一的神像一般，這是很自然的事，人們也不覺得哪裡有罪惡。

日本社會開始有對女性的經血感到不潔的見解，大概是在出現律令制的九世紀左右。由於律令制受到男女差別的儒家思想所影響，嵯峨天皇在《弘仁格式》中將經血列為「赤不淨」，與「死亡」的「黑不淨」並列為必須忌諱的不潔事物。於是，歧視女性的思想以及將性列為穢事的儒家觀念，就經由大化革新導入了日本的國家制度中，誕生的男子屬於父親家族血脈的父系血統制度，也在引入律令制之時成為定律。不過，雖然國家的制度已經建立，卻沒有立即改變一般民眾的普認知。如藤原攝關政治就是母權制，因為攝關制度，就是以母方父親作為繼承人的監護人之制度；而先前提到的民間「妻問婚」與「別居婚」，也是母權制度殘存的一例。

律令制下，男尊女卑的思想明確反映到國家制度的時間點，應該是在攝關政治衰退，院政崛起之後。院政是指父親將自身的官職（財產）轉移給兒子，而天皇的父親或者祖父，則擔任天皇在政治上的監護人（但實際上則握有實權）的制度。

在院政於平安末期開始的同時，武士團也開始成長，且勢力正快速擴大。武士團是倚靠暴力的集團，因此，自然而然地採取男尊女卑的價值觀。集團人數愈多，代表力量愈強，為了確保成員的數量，也完全沒有忌諱性事或調節生育的理由。封建制度就隨著國家制度與社會情狀的發展，逐漸確定了父系繼承權的方向，從身分高的階級到庶民之間，單婚制度也漸漸普及。日本直到一二三二年訂定法規《關東御成敗式目》後，才首次將通姦當作輕罪來取締。不過，這頂多只是規範武家的法規，平民之間仍延續著自古以來與祭禮結合的性解放與亂交習慣。

近代日本的性觀念——儒家秩序的引進與家父長制

在因為戰爭等人為活動造成大量死傷的戰國時代結束後，日本進入了江戶德川幕府時代。於日本江戶時代實施鎖國，使社會逐漸進入穩定狀態後，生育限制的必要性便再次浮現，於是「殺子處分」在這個時代再次重演，甚至可以說，德川時代的安定，正是人口調控的結果[5]。相對而言，若不進行人口調整，為了要養活增加的人口，就必須將他們送去殲滅周圍的民族，並搶奪其維生的資

圖為江戶浮世繪師葛飾北齋《艷本多満佳津良（夜這い）》。

5 參考《透過歷史人口學看日本》（原文書名：歷史人口學で見た日本），速水融，文春新書，二〇〇一年。

源。然而，如果採取上述的策略，就勢必需要大量參與戰爭的人口，那也就沒有必要限制生育或控管人口了。

十七世紀前半，德川幕府以重視封建身分制度的朱子學為幕藩體制的根基，建立了完全的家父長制。在儒家（朱子學）的影響下，男尊女卑的觀念逐漸根深蒂固。以父系所構成的「家」，成為社會的核心單位，上層階級對於明確的父系血統的要求有其必要性，因此，家中的女性在生出長男之前，都會受到嚴格的管理。

幕府對有勢力的「家族」實施了嚴格的結婚規則，並加以管理。但性事本身並未被視為問題，也沒有特別禁止或管制。當時的性屬於娛樂或奢侈的消費品，在勸導質樸簡約的朱子學脈絡中，偶爾會見到對於「遊樂」性質的性事或煽動此事之性表現的批判，但也頂多僅此而已。即是說，日本的朱子學認為，春畫或者黃色書籍中呈現的性表現並非不可，而是擔心這些性表現會增加具遊樂性質的誘惑，進而造成奢侈或淫蕩的發生，故應該禁止。換句話說，平民階級並不忌諱或避諱性，仍然十分接受它，並樂在其中。

平民之間男尊女卑的根源，據傳是受到十四世紀傳入的偽典「血盆教」的影響[6]。血盆教認為，伴隨生產的出血以及經血是汙穢之物，使得女性的悟道能力遠低於男性，而這樣的說法造成了女性地位的持續低落。加上江戶時代的儒家文化影響，男尊女卑的觀念更加普及，且逐漸確立。不過，社會上對於男女生殖器的觀念，依舊並無特別隱諱或避諱的想法。如前所述，生殖器被稱為「陽根」或「玉門」，人們對於崇拜男女性事或男女生殖器的民間信仰，仍然沒有任何道德上的非難或批判。

古代文獻之中亦可見到，以「陰」字作為意指女性器的「ほと」、「ふと」之漢字。雖然並無根據，但這可能是因為受到儒家的價值觀，或「と」的古義是指「山谷間凹陷之處」，這兩者的影響。而在幕府末期，學習西方醫學的蘭學

6　參考《佛教與性歧視》、松岡秀明《東京大學宗教學年報VI：對我國的血盆經信仰之考察》，一九八九年，第八十五～一〇〇頁。

者們或許是受到儒家的影響，因此在研究或翻譯西方的醫學書時，開始像「陰部」、「陰莖」、「會陰」等字一樣，為生殖器加上了「陰」字。後來，這些詞彙成為正式的醫學用語，進而伴隨西方的價值觀在社會上逐漸普及後，認為性器屬於「陰」的想法，便固定下來。

明治時代以後的性觀念——在外國人面前隱藏日本的性文化傳統

一八六八年，德川幕府時代結束，進入了明治維新時期。長期受到打壓的基督教得到認可，使日本原本並不存在的「純潔」與「愛」觀念受到宣揚。當然，這對當時的日本人而言，仍是無法理解的概念。當時頂多只有少數的基督教文化人士、來自外國的基督教傳教團體，又或者是透過一些文學作品宣揚純潔與愛才是「新的理想男女關係」。可以說此時只有極少數的年輕世代，才有機會接受這種新的性愛觀念。

另一方面，明治新政府為了撤回承認治外法權[7]或喪失關稅自主等幕末時代與國外所締結的不平等條約，同時希望歐美諸國承認日本是現代化國家，因此積極地導入西方法律與西方制度。而這些西方法律以及西方制度，大多是以基督教的道德觀為基礎所打造，更重要的是，一八七〇年代又正是歐洲對於性道德規範最為嚴格的時期。

在這樣的時空背景下，明治新政府將有性元素的浮世繪圖樣視為國恥。這些浮世繪以往用於出口到歐洲貨品的包裝紙上，或是直接作為商品出口。在國內的嚴格打壓下，以生殖器為信仰對象的物品悉數遭到破壞、沒收，許多與性內容有關的儀式或祭祀也遭到禁止。此時的法規依據，就是日本最早的輕度犯罪取締法規《違式註違條例》。該法首先以外國人居留地為適用範圍，接著為了讓外國人

7 編注：治外法權（Extraterritoriality 或 Exterritoriality），亦即免除本地法律司法權，通常是對於某部分外國人來說，由於國際法的原則，或者經由當事國之間訂立條約或協定，使其不受當地國的司法管轄，也即免於當地的民事及刑事訴訟，不會遭受逮捕，乃至免徵稅款。

更能在國內廣泛移動而放寬，但隨著法規的放鬆，該法也擴大了實施的範圍。換句話說，日本至今對於猥褻物的取締，原本的用意是為了避免被外國人看到日本的性傳統文化。畢竟對於當時的日本人而言，性原本就不是一種罪惡，所以避開外國人的目光，才是該法原本的目的。

隨著日本持續推展現代化、西化，被派遣到歐美見聞各種新事物的明治政府高官們所交流的對象，大多也應該是西方社會中「上流」的階級。也就是說，明治官員或許不會知道性道德中，存在著表面的上流與實際上的頹廢，或說是上層階級的體面與下層階級心聲的雙重標準。就算明治官員有了與平民交流的機會，甚至得知平民的性文化，但還是可以想像站在領導平民的立場，有權威、有地位的西方高官，也只會一味地責難平民的性文化是「下流」、「猥褻」之事吧。

國內的「性道德化」——外國人觀點的內化

明治新政府為了擁有能對抗西方列強的國民軍，導入了全民皆兵制度。因此，原本行為未受約束的平民階層，便被施加了與武士階級相同標準的道德規範。文化及行為規範都向西方看齊的方針，可說是要將所有國民化為「西洋化武士」的社會道德政策，此即現在法律條文中出現的「公序良俗」四字的意涵。面對外國的視線，明治新政府希望將國家轉化為現代國家，並透過全民皆兵的方式一舉提升國民的素質，藉此向西方表達：「日本人雖然不是基督教徒，卻也有很高的道德水準。」比如，身為基督教徒的新渡戶稻造等人，就將「武士道」整理成為日本的官方（期盼做到的）倫理道德與行為規範，並翻譯成外文出版。「武士道」成為「日本的道德」，就是在這個時期為了向西方強調，而被創造出來的產物。

這些在明治時代突然被創造出來的倫理道德與公序良俗，透過普通教育的管道，廣泛地推展到全體年輕國民。在男子方面，對於就讀中學校、高等學校以及大學等將來會成為日本社會領導階層的這一批菁英，更徹底地灌輸了道德規範。這批接受高等教育的領導者們，也自然地產生了「江戶時代以前的平民文化」等於「猥褻」的觀念。

相對地，明治政府對於女子的教育則相對寬鬆，因此大多數的女子教育，都是由基督教體系的私立學校所負責。這個時期的美國基督教團體，正以解放女性為目的推動著許多運動。當然，基督教體系的學校自然是將《聖經》中所規範的西方道德規範奉為圭臬，在教育「純潔」與「愛」的學校環境中，日本對於性的純潔觀，或將性視為隱晦的思想，便經由明治末期至昭和初期的女子高等教育，逐漸普及至整個社會。

漸漸地，女子教育中對於性的觀念逐漸擴散，上至社會上層的儒雅夫人，下至平民階層的主婦，皆受到影響。現在我們社會對於性愛或性表現感到懷疑的態度，在核心都市或學校教育（國家制度的背後）部分，大多是在大正時期普及；於農林漁村的區域則是到二次大戰後的高度成長期才逐漸普遍。

明治時代到二戰之後的猥褻表現規範——為何持續禁止？

接著再來看看，日本在明治時期之後，又主要是取締哪些猥褻物吧。

從明治維新至明治中期的這段期間，日本主要取締的對象為男、女生殖器的仿造品、春畫、黃皮書等流傳於江戶時代，但如今被認為是猥褻的文物。延續至江戶時代的成人儀式與盆舞之夜等自由性交的儀式，也同樣被認為是野蠻的習俗而遭到取締。也就是說，日本作為西化的現代國家，開始積極地取締這些被認定為「不可存在」的前朝遺產。

明治末期至昭和前期之間，大量的青年勞動者從農林漁村進到都市。而就在識字率隨著一般教育的普及而提高之後，日本也同樣面臨到歐美在都市化之後，於十九世紀時碰到的風俗秩序混亂問題。此時政府處理方式也是模仿歐美的做法，以會危害善良風俗為由，來取締與性有關的內容或文物。而制定這些規範的人，多是通曉國外事務的學者或官員，因此制訂出來的規範，也仿照歐美居多。

接著來談昭和後期（戰後）至當代的這段時間。甫敗戰時，國家對於言論管制的限制變得緩和，宛如衝破防波堤般，與性有關的文物開始如雨後春筍般冒出，不過在盟軍司令部（實際上是美國）的指揮下，日本國內的猥褻物，一樣受到與美國本土相同的基準所規範。雖然我個人認為佔領統治對於猥褻或性描寫相關等出版物沒有必要特地進行規範，但此舉恐怕是為了更為重要的政治檢閱目的，才會一併受到管制。

二戰之後，相關法條的文字中也曾經出現「不可使用直接指明性器官的字眼」，或是影像「不可拍到陰毛」等明確的基準。不過，到了一九八〇年代後半，這些基準獲得放寬，或是廢除。此時也是刑法上深入探討何謂「猥褻」的時期。

一九九〇年代後半，日本社會引進網際網路，此時各式各樣的性表現，就隨著網際網路的擴大，經由政府無法控管的電子資訊管道，在一般社會中徹底解放。如此一來，筆者認為從明治維新後至今的各種性表現規範，皆已經失去了意義。

既然這些規範實際上已經失去了意義，那為何要持續禁止呢？觀察現在的男女或青少年，要接觸到二十年前幾乎不可能見到的裸體圖片，已經十分容易。然而，隨著性表現擴散的管道不斷擴大，因而無法規範，我們有看到性犯罪的增加，或是年輕人道德淪喪嗎？透過許多報告與統計可以得知，近年性犯罪不只有減少，年輕人甚至開始有逃避性行為的傾向。

那麼，性表現必須要持續受到規範的理由到底為何？我的看法是，性表現對於實際上犯罪率的上升以及反社會行為的擴大，幾乎沒有帶來負面的加成效果。關於「性」或「性表現」的規範，其實是政府在爭取政治主導權及經濟主導權的實行過程中，作為取代「道德」或「品行」等字眼，以圖「借屍還魂」的道具。本書對性表現規範的漫長歷史進行的探討，就是為了取得足夠的論證，並在結論中提出這個見解。

後記

「色情就是不行！」

本書對於我們一直以來覺得理所當然的事情，進行了一連串的探討。各位讀者覺得如何呢？本書的前半部，可能會引來「論證不足」、「資料證據不夠」等意見。但是，關於性行為與性表現活動等事物，既屬於每個人的日常生活，也是極為個人與隱私的部分，因此要普及化十分困難，不只大多數的人不會將相關資料公開，很多時候甚至根本不會留下什麼紀錄。若執著於追求質量俱足的資料加以佐證，可能一輩子也收集不到。所以，還是得告一個段落。

本書最初的原稿，下筆於「表現問題（expression）」受到熱烈討論的二〇一〇年春天，並發表於二〇一一年開始至二〇一三年夏天，Comic Market發售的同人誌《Rojina茶會誌》中一連串小論文。

我的研究領域是更為廣泛的「情報法」，因此表現的規範問題原本就是我必須探討的範圍。不過，因為我的研究主軸是「著作權」，因此對性表現規範的問題，原本一直有「戰場不同」的印象。但是，個人對於這個領域一直有個無法抹滅的疑惑，那就是每每論及性表現的規範問題，無論是在媒體還是在網路上，不只是贊成規範派，就連反對規範派，都是以「色情就是不行」為前提在進行爭論。我從第一本著作《著作權法歷史的展開》[1]開始，最喜歡探討的就是那些一直被視為「理所當然」的論點。「到底為什麼色情就是不行？這難道不是生物的常態嗎？」此時開始，我嘗試從根本上解決這個一直存在我腦海中的疑問。

「到底色情為什麼不行呢？」因為在一開始就知道這個設問背後，所牽涉的領域有多麼廣闊與深奧，我很快便放棄了以正統的學術論文寫作方式來處理這個問題，所以才會選擇在個人工作之餘的空閒，先在《Rojina茶會誌》上寫作並尋找答案，首先完成寫作的是〈性表現規範的文化史(1)～(3)＋資料篇〉。完成這些文章後，本書的輪廓已經大致浮現，整個內容大概是寫到本書的補述〈日本篇〉，不過當時的〈日本篇〉還是歸類在「資料集」裡。到這裡，可以說是我處理這個議題的第一階段。

那時寫下的〈性表現規範的文化史〉等文章，似乎備受對性規範問題有所關心的NPO組織「樹鶯絲帶（うぐいすリボン）」的關注。受到主辦者荻野先生的委託，二〇一一年起，我開始在東京和京都兩處舉辦相關演講內容。現在回想起來，演講花了很長的時間，參加演講的聽眾可能會覺得很辛苦吧。此外，還參加了京都大學文化祭所規劃的，關於性表現規範相關的座談會。在這些演講會以及座談會之中，我在Comic Market上所發表的〈性表現規範的文化史〉等文，被

1　著作權法歷史的展開（原文書名：コピーライトの史的展開），信山社出版，一九九八年。

製成小冊子發給聽眾，其封面是有如樹鶯般的黃褐色封面。像這樣重複了幾次長時間的演講之後，就算我曾經對這個話題多麼感興趣，也產生了實在是「膩了」的念頭。至此，我開始與性規範的相關問題保持距離了一陣子。畢竟就我而言，也算是找到了自己想要的答案，某種意義上已經滿足了。

就這樣，我當時所寫的〈性表現規範的文化史〉等文便只向少量讀者或少數聽眾的形式公開，應該算結束了。這可以視為我的第二個工作階段。

然後，應該是二〇一五年底吧。亞紀書房的小原編輯突然問我，要不要將〈性表現規範的文化史〉等文正式出版成書？不過，就在我寫這篇「後記」的時間點，我還是不知道他到底是何時得知、又是如何取得我這些〈性表現規範的文化史〉的文章。世上的緣分有時候真的很奇妙。

總之，我開始將〈性表現規範的文化史〉等幾篇文章進行適合出版成書的改寫，不過，重新啟動自認為已經「完成」至少兩次的工作，並推敲內容，再次寫作的過程，十分痛苦，資料引用方面的弱點必須加強。加上本書的設定並非學術書籍而是一般書籍，因此，易讀性必須兼顧，在結構以及文體上也得調整。還得補充寫給一般讀者的名詞解說等內容。換句話說，我幾乎是「整本重寫」了。對於我這本幾乎「整本重寫」的「大作」，小原編輯就像位指導教授般提出尖銳的意見，尤其是對一般讀者而言，最重要的易讀性以及商業出版的文章應該怎麼書寫的技巧，都提供了很多具體的指教。這對於我而言也是一個很好的學習機會。

就在本論終於寫完，獲得「終於搞定了」的放鬆感時，小原編輯又笑瞇瞇地說：「日本篇就以補論的形式寫進去吧。」於是我又重寫了日本篇……

於是，當我開始寫本書的「後記」時，已經是二〇一七年的六月了。本書在一開始就不期盼能成為一本完美的巨作，內容可能也有許多值得批判之處，但就我對這個問題的思考，本書應該就是最終的成果了。我現在回頭看手邊的原稿，心中仍不禁浮現出「跟當初的文章相比真的改了不少呢……」的感慨。不過，從我開始探討這個問題至今第七個年頭，我想說的話一直都沒變，那就是——

「色情就是不行！」這種想法，真的不行。

NEW
RG8039

「色情就是不行！」這種想法真的不行

「猥褻」為什麼違法？從階級規範到帝國主義的擴張，權力如何以道德之名管制色情

性表現規制の文化史

•原著書名：性表現規制の文化史•作者：白田秀彰（Hideaki Shirata）•翻譯：林琪禎•封面插畫：山本直樹•封面設計：馮議徹•責任編輯：李培瑜•國際版權：吳玲緯•行銷：巫維珍、何維民、蘇莞婷、林圃君•業務：李再星、陳紫晴、陳美燕、葉晉源•副總編輯：巫維珍•編輯總監：劉麗真•總經理：陳逸瑛•發行人：凃玉雲•出版社：麥田出版／城邦文化事業股份有限公司／10483台北市中山區民生東路二段141號5樓／電話：(02) 25007696／傳真：(02) 25001966、發行：英屬蓋曼群島商家庭傳媒股份有限公司城邦分公司／台北市中山區民生東路二段141號11樓／書虫客戶服務專線：(02) 25007718；25007719／24小時傳真服務：(02) 25001990；25001991／讀者服務信箱：service@readingclub.com.tw／劃撥帳號：19863813／戶名：書虫股份有限公司•香港發行所：城邦（香港）出版集團有限公司／香港灣仔駱克道193號東超商業中心1樓／電話：(852) 25086231／傳真：(852) 25789337•馬新發行所／城邦（馬新）出版集團【Cite(M) Sdn. Bhd.】／41-3, Jalan Radin Anum, Bandar Baru Sri Petaling, 57000 Kuala Lumpur, Malaysia.／電話：+603-9056-3833／傳真：+603-9057-6622／讀者服務信箱：services@cite.my•印刷：漾格科技股份有限公司•2020年10月初版一刷•定價360元

國家圖書館出版品預行編目資料

「色情就是不行！」這種想法真的不行：「猥褻」為什麼違法？從階級規範到帝國主義的擴張，權力如何以道德之名管制色情／白田秀彰（Hideaki Shirata）著；林琪禎譯. -- 初版. -- 臺北市：麥田出版：家庭傳媒城邦分公司發行，2020.10
面；　公分. --（NEW不歸類；RG8039）
譯自：性表現規制の文化史
ISBN 978-986-344-814-3（平裝）
1.社會科學　2.文化研究
544.7　　109012240